销售心理学

兰华——编著

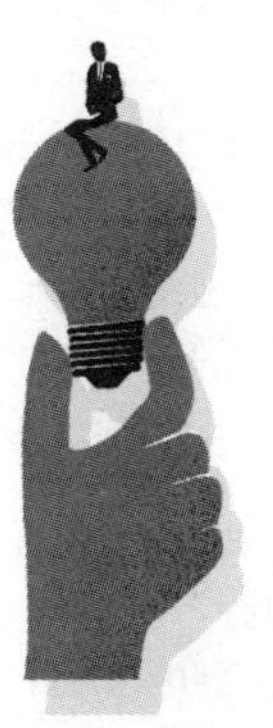

中国纺织出版社有限公司

内 容 提 要

销售其实就是一场买卖双方的心理暗战，谁能够掌握顾客的心理，谁就能成为销售的赢家。每天学点销售心理学，增强心理技巧，是赢得这场心理战的制胜法宝。

本书从心理学角度出发，针对销售人员遇到的常见问题，给出了具体的心理应对策略，让你轻松把握和了解客户心理，进而轻松卖出产品，提升销售业绩，成为销售行业中的佼佼者！

图书在版编目（CIP）数据

销售心理学／兰华编著．--北京：中国纺织出版社有限公司，2019.10（2024.1重印）
ISBN 978-7-5180-6439-7

Ⅰ.①销… Ⅱ.①兰… Ⅲ.①销售—商业心理学 Ⅳ.①F713.55

中国版本图书馆CIP数据核字（2019）第153590号

责任编辑：闫 星 责任印制：储志伟

中国纺织出版社有限公司出版发行
地址：北京市朝阳区百子湾东里 A407 号楼 邮政编码：100124
销售电话：010—67004422 传真：010—87155801
http：//www.c-textilep.com
E-mail：faxing@c-textilep.com
中国纺织出版社天猫旗舰店
官方微博http：//weibo.com/2119887771
新乡市龙泉印务有限公司印刷 各地新华书店经销
2019年10月第1版 2024年1月第5次印刷
开本：880×1230 1/32 印张：5.5
字数：120千字 定价：68.00元

前言

现代社会，随着社会的发展和市场经济的繁荣，人们对商品的需求越来越大，销售也就顺势成为了一个热门行业。并且，销售是所有行业中最有可能创造奇迹和极富挑战的工作，很多成功人士都是以从事销售工作起家的。然而，销售绝非易事。如何将产品推销出去也就成为很多销售员研究和探讨的问题。

在现实的销售中，经常有一些销售员会产生这样的困惑：为什么我还没开口，就被客户拒绝呢？为什么我苦口婆心地劝说客户购买，客户就是无动于衷呢？在最后成交的阶段，客户总是不断压价怎么办？客户到底在想些什么？到底怎样销售才能让客户接受我们的产品呢？

很简单，因为你不懂客户在想什么，更没有把握客户的心理，在商界，流传着这样一句名言："成功的销售员一定是一个伟大的心理学家。"销售就是一场心理博弈，如果你的销售技巧不达标，你的销售语言不能立即抓住购买者的心理，那么你的产品销售就会成为泡影。

专业调查机构的调查显示，在销售过程中，假如销售人员能运用符合客户心理的销售方式进行推销的话，那么，销售成功的可能性为53%左右，但是假如采用一般的推销方式的话，成功率只有24%。可见，销售过程中，充分掌握客户的心理，能大幅度地提高销售的业绩，让销售员事半功倍，能在最短的时间内将更多的产品卖出去。

很多时候，能否成功推销出去产品并不在于你努力不努力，而在于你有没有找对方法，正所谓“方法不对，努力白费”，我们唯有对症下药，从客户的心理角度入手，才能掌握销售成功的密码。

为此，《销售心理学》这门将市场营销知识和心理学原理相结合的学科应用而生，在具体的销售活动中，如果你能够适当地、灵活地运用心理学的相关知识，对于吸引顾客，培养忠实的顾客，进而提高自己的销售业绩是大有裨益的。

这就是本书编写的目的——解决销售人员不知如何运用心理技巧的困惑，书中结合具体的销售案例，且内容丰富，包括如何把握客户的心理状态、挖掘客户的心理需求、赢得客户的信任、与客户的心理博弈、如何解除客户的疑虑以及如何为客户提供更优质的服务等，方法简单易学，希望对广大销售人员有所帮助。最后，希望每一位销售工作者都能在自己的工作岗位上获得一番成就。

编著者

2019 年 5 月

目录

第01章

拜访客户：敲开客户的心门，比登门更重要

从事销售行业，我们都知道，拜访客户是销售中的一个重要环节，只有让客户接纳你，客户才有可能接受你的产品，进而愿意购买。事实上，那些销售精英们都懂得从客户的心理角度出发拜访客户，的确，拜访时，我们除了具备智慧、经验以及足够的实践外，还必须掌握一套心理应对策略，掌握一些说话策略，如此成功拜访的可能性将大大增加。

勤快一点，别指望一次就让客户对你敞开心扉

我们都知道，在销售中，登门拜访是推销产品的一种方式，然而，不少销售人员却遇到了这样的困扰：当他们敲开客户的门，道出自己销售员的身份后，就被客户拒之门外了；甚至有一些销售员，他们还未开口，就被客户否决了，其实这是因为客户对陌生的销售人员怀有戒备之心，这样的情况，只要销售人员能勤快一点，与客户多加接触，让客户了解我们，是能重新找到机会推销产品的。

我们都知道乔·吉拉德是有名的汽车推销员，事实上，他还做过报社的广告业务员。

刚到报社的吉拉德非常自信，他向经理提出不要薪水，只按广告费抽取佣金。吉拉德拟出一份名单，列出他打算前去拜访的客户。在去之前，他取出这12位客户的名单，对自己说："在本月底之前，你们都将向我购买广告版面。"

结果到了月底，他和名单上的11位客户达成了交易，只剩下一位还不买他的广告。在第二个月里，他未卖出任何广告，因为他除了继续去拜访那位坚决不买他广告版面的客户之外，并未去拜访任何新的客户。到了第二个月的月底，那位商人终于忍不住对他说："你已经浪费了一个月的时间来请求我买你

的广告，我想知道这到底是为什么。”

吉拉德回答说：“我并没有浪费我的时间，我等于是在上学，而您一直就是我的老师，我一直在训练我的自信心。”

这位商人说：“年轻人，我也要向你承认，我也等于是在上学。你教会了我什么叫坚持到底，这比金钱更有价值。为了表示对你的感谢，我要向你订购一个广告版面，当作我付给你的学费。”

从心理学的角度来看，任何一位顾客在被推销之初，都会对销售人员心存芥蒂，但随着交往次数的增加和彼此关系的熟识，这种芥蒂之心都会消除，所以勤快也是打开客户心门的一把钥匙。

因此，在销售中，每个销售人员都必须勤快一点，在从事推销的工作过程中，如果你能把客户当朋友对待，经常与客户接触，让对方体会到你的关心、爱护和体贴，使其产生亲切感，那你的销售业务一定会进行得比较顺利。

销售心理支招

销售员要从以下方面着手。

1. 初次见面在客户心中留下个好印象

想留给客户一个好印象，首先就要在形象上特别注意，力求保持得体的着装、良好的礼仪。其次，销售员还要对客户做大致了解，这样才能投其所好，选择适当的谈话方式，才能容易给客户好感。

除此之外，销售员还必须要从以下几个方面努力：

（1）热情而谦虚。我们不能否认，开朗、活泼、热忱的人有更多朋友。

（2）自信。自信是赢得别人信赖和好感的重要因素之一。作为销售员，在对自己充满自信的同时，也应对自己的产品充满信心。

（3）真诚、坦率，敢说真话。销售员在与客户交往的时候，无论是交朋友还是推销产品，都要以诚相待，毕竟，没有产品是十全十美的，也没有人是十全十美的。

（4）做到“四勤”。在销售中应做到“四勤”即“手勤”——勤写信，“脚勤”——勤走动，“口勤”——勤打电话，“脑勤”——多思考，多给客户提供好意见。

2. 加强与个人间的密切交往

人与人之间的关系，是一个由相识到相知的过程，只要真诚相待和用心去交往，就能逐渐加深。对于销售员来说，如果你发现一个客户资源非常好，但是你们之间只是认识，还比较生疏，甚至没说过几句话，那么你就要着重发展个人关系。除了关心客户，为他提有用的建议之外，你还应该在一个合适的环境下，找个恰当的理由，给客户送去一些小礼物。例如，在特别的日子，如春节、客户的生日或者其他纪念日，寄发卡片或者送精美的纪念品，都会给客户带来惊喜。如果你知道客户

喜欢某种活动，你也可以制造与他一起参加的机会。

的确，人与人之间的关系是随着交往次数的增多而逐渐加深的，推销也是如此，掌握客户的这一心理，销售人员就要勤快一点，就要经常与客户沟通，真正关心客户，为客户着想，这样，你的生意才会越做越大，客户越来越多。

入户拜访，客户的戒备心要尽快消除

心理学家指出，人与人之间，在交往之初，都有一定的戒备之心，也就是隔阂，此时，无论你是出于什么目的与他人交谈，通常都会遭到拒绝。同样，在销售过程中，出于这一心理原因，销售人员登门拜访往往会吃“闭门羹”，所以，尽快消除与客户的心理隔阂也是销售员拜访客户要做的首要工作。

小徐是一名家用吸尘器推销员，这天，他来到某小区，准备向他事先了解过的某个准客户推销他的吸尘器。于是，他敲开了客户的门，开门的是一位温婉的女士。

小徐：“太太，您好，打扰了，是这样的，我是××公司的销售代表徐××，周一的时候我和您的先生预约过了……”

客户：“我们现在不需要。”

小徐：“没事，看得出您很忙！有您这样贤惠的女士持家，您的家人一定十分幸福！”

客户："噢，哪里，谢谢！今天我丈夫不在家。"

小徐："我听说了，我知道您的先生是一位事业做得非常成功，而且在业界很有影响力的企业家，不光先生是一位事业成功、在业界有影响力的优秀人士，那句话说得没错'每一个成功的男人背后都有一个伟大的女人'。"

客户："呵呵，哪里。我听我丈夫说过购买吸尘器的事儿，我们对你的产品还是挺感兴趣的，这样，你先等一会儿吧，他马上就要回来了。"

小徐："好，谢谢……"

从案例中我们可以看出，销售员小徐在拜访客户时，尽管得到了客户的预约，但还是遭到了这位客户妻子的习惯性拒绝，因为他在拜访之初就直接道明自己的目的，不免显得过于唐突。但值得庆幸的是，在接下来的谈话中，他保持了良好的态度和自然的语气，并对客户说了一些"动情"的话，从而获得了客户的认可，挽救了销售局面。

在拜访客户时，我们经常会遇到这样的情况，无论销售员说什么，客户似乎总是把自己和销售员隔离开来，对销售员的热情视而不见，无论何时总是保持沉默，让销售员找不到交谈的突破口，更别说销售机会。

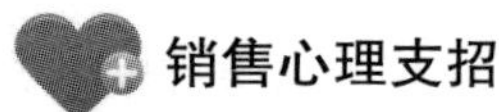

销售心理支招

如何打开这些不言不语的客户的口，就成了很多销售员必须

研究的问题。那么，要想消除和客户之间的心理隔阂，作为销售员都应该如何做呢？

1. 始终保持热情的态度

销售行业，热情就是销售员成功的法宝。在与这类不言不语的客户交谈时，销售员要始终保持语言、神情和目光的真诚，并始终保持微笑。当你自始至终地与其热情、真诚地交谈后，你就一定能在客户的心里留下好的印象，不论谈话是否取得实质性的改变，对你以后的销售工作都会有所帮助。

2. 要营造融洽的谈话氛围

拜访的最终目的是实现销售、满足客户的需求。但在跟客户交谈中，还要善于营造融洽的会谈气氛。沟通才能创造价值，只有让客户愿意与你沟通，你才有可能达成销售目标。

对此，销售人员要主动向客户问候，想办法拉近与客户的距离。在此，最关键的就是客户的情绪问题。我们要对客户的情绪进行引导、强化。也就是说，我们要想办法把与客户的关系转化为朋友关系，这就是对客户情绪的正确引导，同时与客户的关系得到了强化。

3. 善于观察，捕捉客户的心理

那些不言不语的客户，他们的内心世界，我们多半不能从言语上得知，因此，我们不仅嘴上要会说，还要会看、会听、会想，要有足够的耐心、信心、决心拿下这样的客户，要善于通过客户的举止、言谈甚至是一个眼神来捕捉客户的心理，并加以分析，掌握客户的购买心理，也就掌握了成功销售的砝码。

4. 努力引导客户开口

再优秀、聪明的销售员在与客户沟通的时候，只凭举止、眼神、表情等方面获取其购买商品意向的相关信息，往往还是不够直观，而且，有时会得出错误的分析结果，出现判断错误的尴尬。所以，作为销售员不仅要善于观察，还要善于调动客户的积极性，帮客户打开“话匣子”，让客户主动开口说话。当然，鼓励客户开口还是需要我们具备良好的沟通能力，热情、真诚地与客户沟通，并极力营造一个轻松的谈话氛围，让客户觉得是在和自己的老朋友交谈。

在拜访中，当你的顾客总一言不发、表情冷漠时，我们不仅需要观察客户，通过非语言形式了解客户的内心，更要特别注重与客户的沟通，想办法借助提问或者拉近心理距离的方式，将客户引导到沟通活动中去，做到充分了解客户，一旦客户被激发起了谈话的热情，愿意参与到谈话中来，那么销售员展开销售工作就比较容易了。

不打无准备的仗，提前准备好完备的销售计划

古人有云：凡事预则立，不预则废，翻译过来就是不打无

准备之仗。拜访客户也是这个道理，销售人员不但要有良好的心理素质，还要做好充分的“战前”准备。如果销售人员在毫无准备的情况下贸然拜访，不但无法应付拜访中的各种状况，还让销售人员因缺乏底气而导致销售活动的失败。

小唐是一名保险推销员，这天，按照事先的预约，他敲开了某准客户的门，开门的是位先生，看到小唐，这位先生很客气地说：“请进。”

进门之后，小唐本来想与客户套套近乎，于是，他说：“林先生，您家里这么多字画都是您自己的笔墨？”

本是句赞扬的话，但客户听完以后，却脸色大变，对小唐说：“对不起，我姓李，不姓林，一个销售员，连客户的姓名都记不清楚，还谈什么销售。”这句话说得小唐丈二和尚摸不着头脑，明明姓林，怎么成姓李了？难道真是记错了？

于是，小唐只好离开，回到公司后，他打开了前段时间在做客户调查时留下的资料，天哪，真是姓李？怪不得客户会生气。

自从这件事之后，小唐吸取了教训，开始养成了整理和分类客户资料的习惯，以免再发生这种记错客户姓名的事情。

案例中，保险销售员小唐在拜访潜在客户之前，因为准备工作做得不充分，没有对客户进行资料的整理和分类，而造成了叫错客户姓名的失误。这对客户来说，无疑是一种不尊重，他被客户拒绝也就理所当然了。

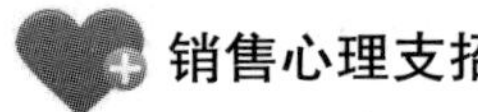

销售心理支招

作为一个营销人员，在拜访前的准备工作有哪些呢?

1. 将相关资料准备充分

在我们的现实销售活动中，大概有不少这样的销售人员，本来他们满怀信心地准备向客户推销，一旦客户问其相关系列产品的价格、性能，营销员竟然给忘记了，更有甚者，竟然拿出相关记录簿，着实让客户不知所云。很难想象这样的营销人员能够成功获得客户的好感，更别说把产品卖出去了。

另外，对于那些疑心很重的客户，销售员在专业语言方面的准备尤为重要。因为这些客户常常为了证明自己选择的正确性、减少购买的风险，会向销售员提出各种问题，此时，我们凝练的专业语言就能派上用场，帮助你在面对客户提出的各种问题时为客户提供满意答案，而良好的销售技巧则有助于你在销售过程中能够更加适时适度地说服客户。

因此，为了避免出“洋相”，销售人员在拜访以前，一定要做足资料准备工作，这其中包括公司的发展历史、产业结构、产品价格、营销政策等，带齐所需的资料、名片、样品等，并要熟记于心，知道什么时候该去进行哪一项工作。这样做，最重要的是，能帮助我们更好地面对推销时遇到的各种问题。

总结一下，你需要做的准备工作有以下几点。

①出门前不要忘记检查是否带上了样品和相关宣传资料。

②最好提前电话预约，确保准时到达。

③组织语言：确定拜访时和客户大致要交谈的内容。下面就是我初次拜访客户时所交谈的主要内容：

公司概况及在同行业中的地位，生产规模及能力，质量保证和稳定体系，这主要让客户吃两颗定心丸：一是和我们公司可以长期合作，不用担心好不容易把产品做起来，结果公司垮台了，二是我们有足够的货源保证。

我们的市场拟推广方案；

我们的主要目标市场及市场前景分析；

我们的零风险的售后服务保障系统；

赢利系统；

我们公司对经销商的基本条件是要强调先付款再发货问题。

确定谈判底线，例如货款问题、促销支持问题、退货问题等最多能让步的底线。

2. 上门前先热身

在进行上门推销之前，你应先鼓励自己："我能行！"这样有助于你鼓足勇气，向客户推销。

3. 始终保持一个积极向上的心态

有些销售人员尤其是刚从事销售行业的销售员，会对销售工作产生一些恐惧，甚至发出这些疑问：客户怎么可能会购买呢？要是客户拒绝怎么办？卖不出产品就没有业绩，这可怎么办呢？越是对这些问题感到忧虑，在销售过程中就越是容易出现问题。同时，销售员这种消极情绪也会影响到客户的情绪，客户会认为你消极心态的产生是由产品带来的。

总之，毫无准备的销售往往会使得我们显得局促、紧张乃至说话没有条理，这样，不仅不能让我们把握要点地介绍产品，还会因为耽误客户的时间而引起客户的反感。可见，在拜访客户前先做好准备工作是销售的前提条件。

时间宝贵，别耽误客户太多时间

现代社会，人们都处在紧张忙碌的生活中，尤其对于那些业务繁忙的客户，每天的工作更是被安排得满满当当，时间就是金钱，忙碌的人都有着很强的时间观念，他们最害怕喋喋不休的销售人员的推销，为此，我们在拜访客户的过程中，一定要有时间观念，要懂得为客户节约时间，否则，只会让客户心生不悦，从而拒绝你的拜访，进而否定你的产品。

一鸣是一位出色的办公用品推销员，有一次，他从一位老客户那里得知，某公司要购进一批打印机。于是，在了解了这家公司的情况后，拨通了客户公司的电话。

一鸣："周总，您好！"

（停顿）

客户：“你好！哪位？”

一鸣：“我是××公司的销售顾问一鸣，您有听过我们公司吗？”

客户：“……好像听过。”

一鸣立刻说道：“嗯，我从××公司总经理王先生那里听说贵公司要购买一批打印机，是吗？”

客户：“嗯，是的。”

一鸣：“太好了！您既然听说过我们公司，应该对我们公司的产品质量有所耳闻吧，王先生也和我们合作了很多年。您明后天哪一天比较有空，我们当面沟通一下？”

客户：“不好意思，这些天比较忙，没时间啊。”

一鸣：“是的，王先生也特别跟我提过，说你事业有成，平时都非常忙，把时间安排得紧凑。所以为了不耽误你的事情，叮嘱我在与你见面之前，一定要打电话给你。你放心，我不会占用你太多时间，只要你给我十分钟，我会给你一个有前景的事业，你看是星期三还是星期四方便呢？”

客户：“呵呵！你还真执着，那就周四上午吧。”

一鸣：“谢谢您的夸奖，请问是9点还是10点呢？”

客户：“那就9点半吧。”

一鸣：“好的，那我们就周四上午9点半见！祝您工作顺心，周总再见！”

客户：“谢谢，再见！”

很明显，案例中的这位客户就是个时间观念很强的人，销售员在与其沟通时，他常会以“我没时间”拒绝，但案例中的销售员一鸣是聪明的，他巧妙地使用了一些小技巧，让客户明白并不会花费他太多时间，以此避免了客户的拒绝，让约访得以继续下去。

销售心理支招

的确，现代社会，最为珍贵的莫过于时间了，谁也不希望自己的时间被过度占用，客户亦是如此，那么，面对这一情况，在拜访中销售人员该怎么办呢?

1. 事先预约，不打无准备之仗

作为销售员，要尽量与客户预约，这是节省人力和劳力，也是能有效避免吃“闭门羹”的方式。为此，销售员一定要和客户约定时间，准时进行联系。

2. 遵循10分钟原则

当客户说 “对不起，我没时间。”的时候，一般我们这样回答“只需要借用您10分钟时间”，客户是不会再拒绝的。因为，这句话是有潜在含义的：一个人再忙，10分钟的时间应该都是有的。这样，就消除了客户认为我们会耽误太多时间的顾虑。

这里的“10分钟”是很多销售大师通过多年实战总结出来的，说5分钟，客户会觉得我们不够诚实；说15分钟或20分钟，

客户又会觉得太长，所以10分钟就很合理。

3. 珍惜客户的时间

客户的时间是宝贵的，没有一个客户愿意与说话不着边际、没有时间观念的人交谈。而如果我们能珍惜客户时间，尽量在最短的时间内向客户传达信息，则能给客户留下好印象，愿意与我们继续交谈。

通常，在销售界，有这样一个经验：问候性电话不超过1分钟，约访电话最多不能超过 3 分钟，解说电话不要超过 8 分钟。客户要求处理问题的电话最长时间通常不要超过15分钟，超过15分钟客户就感觉你不如跟他面谈。

当然，具体多长时间才是最合适的，这并没有一定的规定，只要你能满足客户心中的理想模式，那么，这个时间就是合适的。

4. 掌握合适的说话语速

我们要为客户节约时间，但也不能说话语速太快，如果销售人员说话的语速太快，客户不容易听清楚你要表达的内容，而且太快的语速还会给客户一种紧张感和压力感。当然，语速也不宜太慢，如果语速太慢的话，会给客户以啰唆、拖沓的感觉。最重要的是，语速太快或者太慢都不容易激发客户参与到说话当中的积极性，这样将大大不利于销售人员与客户之间的电话沟通。

在拜访客户的过程中，善解人意的销售员往往能被客户接纳，而为客户节省时间，是为客户考虑的重要方面，所以，把拜访时间控制在一定范围内，能让客户对销售员产生好印象，更易于销售目的的达成。

拜访客户，也要有点儿技巧

我们都知道，销售是一门艺术，也是一种文化，不是简单的买卖，它是建立在人们消费思维上的一种心理策略。销售员要想把自己的产品卖出去，既要有高质量的产品，又要有巧妙的产品介绍方式。其中，在拜访客户的过程中，聪明的销售员就善于抓住客户的好奇心，这是优秀的销售员应该具备的能力和技巧，当然，要达到这一目的。除了要具备广博的知识外，还要揣摩客户的好奇心理，进行仔细的编排，这其实是一门巧妙的艺术，是需要花费力气，下一番苦功的。

姚建是一名家用小电器推销员，由于他出色的口才，所以他的销售业绩很好。他曾经有这样一次推销经历：

那天，他准备向某准客户推销一款1280元的吸尘器。

他按响了门铃，等他道明了来意后，客户当场就拒绝了他："我是不会购买这种又贵又没用的东西的，请你走吧。"客户态度如此坚决，让姚建碰了一鼻子灰，但姚建想，绝不能放弃，一定有方法可以让客户接受自己的产品。

第二天一大早，姚建又来了。这次，客户的态度还是和昨天一样，一看到来推销的姚建，他还是坚决地说："我昨天不是说过了吗？我是不会买你的东西的。"这次，姚建并没有急着介绍自己的产品，而是从口袋中掏出一张一元的钞票，当着客户的面把它撕碎，对客户说："你心疼吗？"客户吃惊地看着他，心想，这人真是疯子，姚建没等客户回答就离开了。

第三天早上，姚建又在同一时间来到客户家，客户开门后，姚建又掏出一张一元的钞票，当着他的面把它撕碎。然后问："你心疼吗？"

客户说："我不心疼。这又不是我的钱，你要是愿意的话，可以继续撕。"

姚建说："我撕的不是我的钱，而是你的钱。"

客户很奇怪："怎么会是我的钱呢？"

姚建并没有马上回答客户，而是停顿了一会儿，这时，客户急了："你倒是说啊。"

此时，姚建才缓缓地说："您自打结婚起，住在这房子里，是不是已经有20年了，如果这20年，你使用的是我的吸尘器，每天就可以节省1元，一年360元，20年就7200元，不等于就撕掉了7200元吗？你今天还是没有用它，所以又撕掉了1元。"

客户被他的话说服了，立刻购买了姚建的产品。

案例中，家用小电器推销员姚建之所以能转败为胜，就在于他设置了一个悬念，唤起了客户的兴趣和好奇心。如果销售员可以利用悬念来唤起客户的好奇心，从而引发客户的注意和兴趣，然后从中推销产品或观念，就可以迅速转入面谈阶段。

有人做过一项调查，结果显示：视觉和听觉都共同作用于客户会比仅仅付诸听觉要有效8倍。优秀的销售员都明白，在5分钟内所表演的内容，会比10分钟内所说明的内容还要多。

 销售心理支招

那么，具体来说，销售员该怎样激发客户的好奇心，又该注意些什么问题呢?

1. 设置悬念

销售员可以运用各种类型的悬念方法，但这种方法必须是有道理可循或有事实依据的，不能凭空捏造一些奇谈怪论来吸引客户。悬念的针对目标是客户，销售员的方法不能只是自己觉得好奇，而忽略了客户的心理感受。

另外，为客户制造悬念，也要见好就收，不要无节制地让客户猜疑。一旦客户失去了兴趣，那么，我们精心设置的悬念也就不起作用了，甚至让客户觉得你故弄玄虚，觉得自己受到了欺骗。

2. 方法要新奇

一句古老的生意格言是：“先尝后买，方知好歹。”这句生意经的精髓是：要让客户认识产品，就必须把产品的优点展示在客户面前，让客户亲自体会到产品的优点。销售员通过新

奇的手段，激发客户的好奇心，无疑是加深客户对产品特性了解的一个好方法。

3. 要注意与客户的交流

如果销售员只顾自己操作，而不去注意客户的反应是销售的大忌。如果在演示过程中客户提出疑问，这说明他能够跟上你的思维，这时销售员要针对客户提出的问题重点演示或重复展示，不能在演示中留下疑问不去解决。如果客户对你的演示表现漠然，你就不要急于表演下去，而是应该巧妙地利用一些反问与设问，想办法让客户参与进来。或者在示范时请客户帮点小忙，或借用客户方便而不贵重的用具，等等。总之在演示的过程中千万不能忘记与客户的交流。

拜访中，销售员要想方设法引起客户的好奇心，提高他们的注意力，并让客户有探究问题答案的强烈愿望，当销售员再从客户的好奇心转向产品的性能时，就达到了宣传和推销的目的。

第02章

初次沟通，你最重要的任务就是化解客户心理防线

我们都知道，销售是靠嘴吃饭的行业，因此能成功说服客户显得尤为重要。然而，有些销售员说，“我不会说话”。这种观点是错误的，除了有语言障碍的哑巴，其他人都会说话。然而，我们发现，客户似乎总是有先入为主的心理取向，会对产品和服务产生一些敌意或者对抗的情绪。这时候，如果我们能了解客户的心理，并懂得如何拉近与客户的心理距离的话，就能化解客户的敌意。

首因效应：良好的第一印象尤为重要

心理学家研究表明：在人际交往过程中，第一时间留下的印象非常重要，与一个人初次会面，45秒钟内就能产生第一印象。这一最先的印象对他人的社会知觉产生较强的影响，并且在对方的头脑中形成并占据着主导地位。的确，在生活中，我们每个人不知不觉都会对“第一”有特殊的感情，并会对“第一”情有独钟，如你会记住第一任老师、第一天上班、第一个恋人等，但对第二就没什么深刻的印象。这就是心理学上常说的“首因效应”的表现。“首因效应”同样适用于销售中，给客户留下良好的第一印象，俘虏客户的心，才能让客户接受我们和我们的产品。

从学生时代起，小王就是个不修边幅的人。现在，他已经是一家清洁用具公司的推销员，但他还是那么不注意自己的穿着，别的销售员都是一身西装革履，而他却经常一件体恤衫就去上班，甚至总喜欢一件衣服穿到底。他到朋友家玩，朋友给他提出了十分中肯的意见，“你长得挺帅的，为什么不找件干净衣服穿上呢？别人看着也舒服。”

小王不以为然，开玩笑地说：“我才不在乎谁说我呢？我的朋友不会在乎，在乎这些的不是我的朋友！你可别指望我打

扮给你看！”

而当朋友问：“那如果你去推销产品，面对陌生的客户，你也这么穿？”

“当然，客户如果需要产品，自然会买；如果不需要，我打扮得再好，也不会买呀，他看上的又不是我！”小王很坚决地回答。但有一次，发生了这样一件事，对小王的打击很大。

这天，小王还是和往常一样，来到某小区，敲开了一扇门，开门的是个阿姨，当小王道明自己的来意之后，对方就表明自己不需要。这个结果是小王料到的，倒也无所谓，但此时的他已经走累了，就准备在门口休息下，这时，主人已经关上门了。

这时，小王听到屋内传来拖鞋下楼的声音，然后有个女孩问：“妈，刚才那个来我们家的邋遢鬼是谁啊？”

“搞推销的，估计是骗子。”

听到这段对话，小王感到脸上火辣辣的，自尊心受到了严重伤害。回到家后，他第一次有意识地照了镜子，第一次认真地看到了镜子中那个邋遢的自己。

于是，他开始改变自己，开始和同事们一样穿西装、打领带，每天出门前照一下镜子，看看自己的形象是否干净、利落、专业，从那以后，小王好像变得精神多了，生意也好多了。

可能现实生活中，有很多和小王一样的年轻销售员，在个人装束上，喜欢我行我素。然而，从事销售这一行业，要想给客户留下良好的第一印象，一定要注意自己的形象，因为客户对你的印象好坏，直接决定了你们之间是否有可能做成生意，只有被人认可的形象才能令人产生较多的好感和信任感。

根据“首因效应”，销售员需要做到以下几点。

1. 形象得体

人们往往通过着装等外在形象来判断一个人是否成熟可靠。在开发客户的过程中，如果你的形象不能给人信赖感和责任感，即使你的产品再好，对方也会犹豫不决。而服饰反映了一个人文化素质的高低，审美情趣的雅俗。穿着得体，修饰自然，就会令人舒适，赏心悦目。外表的端庄，是对别人尊重的态度，也是爱护自己、增强自信的表现。没有谁愿意看你蓬头垢面、衣冠不整的样子，你也没有必要让别人因此而误会你的专业能力。

想留给客户一个好印象，就要在形象上特别注意，力求保持得体的着装、良好的礼仪。清洁卫生是关键，是着装的基本要求。不管你长相多好，服饰多华贵，如果满脸污垢，浑身异味，周围的人必定会对你退避三舍。

另外，你最好还懂得一些服饰的搭配。比如，男性应该穿西服打领带。要注意外衣、衬衫和领带颜色的调和。手表、手绢、钱包、公文包、领带别针乃至所用的笔和打火机及眼镜都起着重要的装饰作用。

对于女性，化妆是必要的，但要注意涂口红、描眉、扑粉

不可过于浓艳，香水的喷洒要适度。

当然具体怎么做，你还要事先对客户做足了解，初步认识到他的大致性格、爱好等，如此你才能投其所好，选择更为适合的着装和谈话方式。

2. 展现你的热情

客户总是喜欢和热情、开朗的销售员谈生意，因为客户总是会把热情和人的其他一些品质联系在一起。比如，真诚、善良等，而重要的是，他们认为拥有热情态度的销售员总是能带给他们快乐的感受和周到的服务。而同时，热情的态度是一个优秀的销售员不可或缺的素质，可以这么说，如果没有热情的态度，销售成功的概率也就十分渺茫了。热情，是指一种精神状态，一种对工作、对事业、对顾客的炽热感情。美国著名女企业家玫琳·凯说，对每个推销人员来说，热情是无往不利的，当你用心灵、灵魂信赖你所推销的东西时，其他人必定也能感受得到。

可见，在与客户交流时，如果你语言死板，不苟言笑，客户是不会买你账的。也就是说，你没有热情，他们也会失去热情。因此，你要调节好自己的情绪。你要尽可能地增加你的面部表情的丰富性，如果你希望靠热情来影响对方，你的面部表情就一定要丰富起来，要微笑。

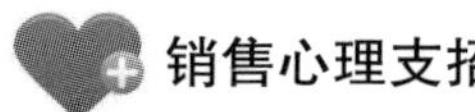

销售心理支招

与客户交朋友，留给客户良好的第一印象很重要，第一印象往往就是你的最终形象。当你第一次与客户见面时，客户的第一感觉就会告诉他：你是否值得他相信，是否喜欢你，会不会与你进一步合作。

投石问路，先聊聊客户感兴趣的话题

销售工作中，我们发现，那些能成功推销的销售人员，都有个共同的撒手锏，那就是他们善于沟通，懂得通过找到客户感兴趣的话题来破冰。任何一位销售员，都免不了要与客户沟通，只有先找到令双方感兴趣的话题，才能打消客户的戒备心，然后慢慢地寻找购买点、切入主题，这是与客户交往的一个正常的过程。如果在与客户接触时，一言不发，或者直奔主题，则是极其无礼而冒失的。如果在拜访客户的过程中安排聊天的部分，可能会促使宾主两相欢，进而减少双方的心理障碍。

蔡铭是某公司销售部门的主管，是个已经有十几年营销经验的销售精英，在整个部门的人看来，无论什么客户，只要是蔡铭出手，都能搞定，所以，很多销售新手们一旦遇到了什么难题，都来寻求主管的帮助。

那么，在现实生活中的哪些话题可能会让客户感兴趣呢？

1. 天气

天气是最好的聊天话题，中国人见面时也通常喜欢谈论天气。另外，以天气为话题与客户寒暄，因为不涉及利益关系，对方一般都愿意接茬。当然，除了把天气当话题之外，还可以当作关心对方的题材。

但是，对于与天气有密切关系的行业的客户，谈论天气时一定要有所注意。比如，如果你与一位雨衣或者雨伞销售商寒暄时这样说："最近一点雨都没下，秋高气爽，天气简直太好了。"对方一定不会给你好脸色看。

2. 新闻

最近的新闻也是你与客户聊天的好话题。新闻可以引起客户的好奇或共鸣，作为一名销售员，一定要多看报，因为报纸上有许多丰富的话题。

推销员永远是和人打交道，而不是与电脑或其他什么机器打交道。聪明的推销员会审时度势，从对方意想不到的角度谈话，从而引起客户对产品的兴趣。

3. 兴趣

人们通常都愿意聊及自己的兴趣，因此，兴趣也是你与客户聊天的一个好话题，与客户聊起兴趣时，必须与客户同一步调，也就是说不要批评客户的嗜好。例如，不能说："哎呀，我觉得钓鱼不好，只有那些糟老头子才喜欢钓鱼。"而应该说："钓鱼不错，可以修身养性、陶冶情操，还能在大自然中呼吸新鲜空气，对身心都很好啊！”

当然，能带动谈话气氛的话题还有很多，需要我们事先了解客户，并在交谈中细心观察，学会与客户谈话，在客户意犹未尽的情况下，往往会顺利进入推销阶段。

销售心理支招

很多情况下，商业上的成功之道不是刻意推销，而是打动人心。学会与客户聊聊他感兴趣的话题，赢得客户的好感，就为推销产品铺平了道路。

自己人效应：让客户产生惺惺相惜的心理

心理学上有个自己人效应，说的是，如果是自己喜欢的人说的，接受起来就比较快和容易。如果是自己讨厌的人说的，就可能本能地加以抵制。有道是：“是自己人，什么都好说；不是自己人，一切按规矩来。”同样，对于客户来说，面对陌生的销售员，他们也有戒备心理，此时，我们不妨做个“热身运动”，向对方表达与之共同的爱好、兴趣或者价值观等，那么，便能更容易获得他的好感，接下来的交流也就容易得多。我们先来看下面的销售故事。

琪琪是一名华裔美国人，供职于纽约的一家大银行，有一

次，经理告诉她，让她准备一份有关某金融机构的秘密文件。琪琪了解到，只有一个人掌握着她所急需的情报，这个人就是某大公司的总经理。于是，琪琪前去拜访他。

当琪琪好不容易说服了秘书，答应为其引见时，秘书却很为难地说："他正在收集邮票。可是今天他没收集到，他很沮丧。"

琪琪说明了来意，开始提问。但那位总经理总显得心不在焉，根本无心对琪琪透露半点情报。琪琪愁眉苦脸地离开后，绞尽脑汁想如何能够得到那些情报，突然，她想起一件事，自己的儿子不是也在收集邮票吗？要是拿新推出的某个玩具和他换，应该不是问题。

果然，她的儿子答应了和母亲的这笔"交易"。

第二天下午，琪琪带着邮票去拜访那位总经理。总经理满脸喜悦地接待了琪琪，接下来的一小时，他们都在谈论邮票。之后，总经理主动把他所知道的都告诉了琪琪并把自己拥有的文件资料都给了琪琪。

这则案例中，琪琪是怎么给这位总经理留下好印象的？很简单，因为邮票，琪琪带着收集的邮票与其交谈，表明他们有共同的爱好——收集邮票，而且，对方必然也很感激琪琪能忍痛割爱，自然也愿意帮助琪琪。

那么，根据"自己人效应"，我们该如何制造与客户的共同点呢？

1. 察言观色，寻找共同点

人们的内心世界，包括其精神追求、爱好、生活品质等，都或多或少地要在他们谈吐、举止、服饰或者表情等方面表现出来，只要你留心，就能察觉到这一点。

当然，察言观色发现的东西，也要与自己的兴趣爱好结合起来，只有自己感兴趣的内容，才能娓娓道来、打破沉寂，否则，即使发现了共同点，也还会无话可讲，或讲一两句就“卡壳”或“对牛弹琴”，打动对方更是无从谈起。

2. 揣摩谈话，探索共同点

为了发现陌生客户同自己的共同点，可以在同客户谈话时留心分析，揣摩。比如，你发现客户和你讲共同的家乡话，你可以以此为突破口，以乡音带动对方的谈话兴趣。

其次，寻找时机，恰到好处地向对方出示自己根据“名片”打造出的形象，这样，你就可以达到目的。

3. 多关心对方，从细节入手

要知道，认同感的产生，表明你已经赢得了客户的好感。通常情况下，如果你将这种好感搁浅，你们会返回到陌生人的状态，因此，你不妨多关心对方，这种关系自然会深化。

表示对别人关心的方法很多，其中记住对方曾经说过的话，然后向对方表示“您曾说过……”，是相当好的一种方法。可能有些人会问，这是为什么呢？其实，很简单，重复对方的话，表明你很在意对方的感受，听进去了他的想法。而不

断地称呼对方的名字，往往会使刚刚才认识的人产生彼此已经认识了很久的错觉。另外，记住他的爱好，并时常表示一下，也会让他欣喜万分。

4. 多强调你们之间的共同爱好和兴趣

若与客户有共同点，就算再细微的也要强调，人与人之间一旦有了共同点，就可以很快地消除彼此间的陌生感，产生亲近的感觉。这样不但可以使对方感到轻松，同时也具有使对方说出真心话的作用。

如果客户喜欢集邮，那么你可以对客户说："我对邮票也非常感兴趣，可是一直不知道如何收集和分类，您能给我一些好的建议吗？"如果你客户的兴趣是打高尔夫球，你就要设法去了解高尔夫球的打法，以及对方喜欢跟什么样的人打球等。如此一来，当你在跟客户沟通时就不怕没有话题，也比较容易和客户拉近关系。

销售心理支招

生活中，人们都愿意接受自己的意见和想法，我们的客户也是，面对陌生的销售人员，客户难免会心存芥蒂，而假如我们先不谈销售，而与客户多谈谈共同的爱好兴趣，往往能拉近与客户的距离。

开场白效应：良好的开头是销售成功的一半

我们都知道，无论是具体的销售活动，还是拜访客户，我们都免不了要与客户接触，那就少不了开场。如果你一开始说得不好，可能就会给对方留下一个坏印象，从而打消与你继续交谈的兴致。这其实就是心理学所说的开场白效应。

俗话说，好的开始是成功的一半。开场白是销售人员与客户见面时前两分钟要说的话。一段精彩的开场白，不但可以引起客户对你的重视，而且还能引起客户对你接下来的言谈举止产生兴趣。“先生，您需要……吗？”这种千篇一律、平淡无奇的开场白十有八九会遭到拒绝。因此，我们若想成功推销，一定要明白，创意开场是行销的第一法宝。

日本有一位寿险推销员，他有一套自己别出心裁的推销方法。

有一天，他拜访一位客户，他把印着“76600”的数字的名片递到客户手里。

顾客看到名片，很诧异，就问：“这个数字什么意思？”

推销员反问道：“您一生中吃多少顿饭？”客户听完后，还是不明白，推销员接着说：“76600顿吗？假定退休年龄是55岁，按照日本人的平均寿命计算，您还剩下19年的饭，即20805顿……”

案例中，这位推销员的开场的特别之处在于：用一张印有

“76600”的数字的名片吸引住了客户的注意。然后反问客户，等吊足了客户的胃口后，再告知客户这个数字的意思，让客户认识到生命的短暂，进而逐渐把问题引向人寿保险。

一个顶尖的业务员都有自己的独特开场白。那么，我们该怎样开场，才能让客户立即动心呢?

1. 寒暄式开场

寒暄是开场白中最常见的一种。这种方法通常适用于我们与客户第一次打交道，因为问候对方是一种礼节，让客户感受到我们的善意，然后才能进行下面的交易。寒暄作为交谈的“导语”，具有抛砖引玉的作用，得体的寒暄可以赢得客户的好感，让沟通顺利进行下去。

例如：

“王经理，见到您很高兴！”

“您是孙经理吧？您好，您好！”

“听口音，孙经理是山西人吧？”

“今天天气真不错呀！”

与陌生客户见面，我们可能会对对方一无所知，此时，寒暄还可以帮助我们了解客户的身份、性格、籍贯、爱好等基本信息，这对销售员接下来的销售工作大有帮助。但是，销售员要注意在问候客户时，话语要委婉，恰到好处，用语不宜过多，能用一言以蔽之的绝不啰唆。

2. 利益吸引

几乎没有人会拒绝那些能为自己节约消耗、提升效益，也就是通俗意义上的赚钱和省钱的方法，那么，他们自然也就不会拒绝为他们“出谋划策”的销售员，如：

“陈厂长，其实，您的工厂每月的生产额还可以再增加10万元。”

“张经理，您不觉得贵公司每月的电费太多了吗？”

“王厂长，可能您还不知道吧，您隔壁工厂因为生产量大，现在的产品都已经开始出口了。”

3. 提问法

有问就有答，销售员向客户提出问题，有利于引起客户的注意和兴趣，如：

“张总，您觉得影响你们产品生产量的原因是什么？”产量自然是身为厂长的客户最关心的问题之一。这一问题，也就自然引导客户逐步进入面谈。

当然，我们在提出问题的时候，一定要注意所提出的问题要明确、具体，语言清晰，而且，必须是客户最关心的问题，否则，很难引起客户的注意。

4. 利用好奇心

好奇心是人类行为的基本动机之一，客户对不知道、不了解、不熟悉的东西有强大的好奇心，销售员可以利用好奇心来引起客户的注意。

某地毯推销员对顾客说：“你知道吗？您每天只花一角六分钱就可以使您的卧室铺上地毯。”顾客对此感到惊奇：“什么意思？”

推销员慢慢讲道：“您的卧室是12平方米，而我们公司的地毯每平方米为24.8元，这样需297.6元。我厂地毯可铺用5年，每年365天，这样平均每天的花费只有一角六分钱。”

案例中的推销员都很善于制造神秘气氛，以引起对方的好奇。在挑起了客户想知道的欲望后，他们再将产品推荐给客户，这比开门见山地介绍效果要好得多。这一点表明，好奇是人类行为的基本动机之一。人们对于那些自己不知道、不了解或者觉得特别的东西，都会充满好奇心，并有继续了解的欲望。

5. 向顾客求教法

生活中，总是有一些人，他们好为人师，喜欢以师长的姿态教育、指导别人。对于这些客户，可以利用向其请教问题的方法来引起客户的注意。比如，可以有意找一些不懂的问题，向客户请教。一般客户是不会拒绝虚心讨教的推销员的。如：

“王总，我听说您以前是学机械的，是机械制造方面的专家。这是我公司研制的新型机械图纸，请您指导，在设计方面还存在什么问题？”受到这番抬举，对方自然乐意接受我们的请教。

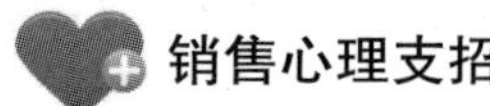
销售心理支招

一场销售活动的成败，很多时候取决于销售员开场白的成功与否，从现在起，销售员们，不妨思索一下你的开场白，是不是有创意，是不是有自己的特色，如果没有，那就从现在开始改变，小小的改变，会产生大大的不同！

展现专业素养，让客户放心

人们常说："做销售，要想把产品推销出去，首先就要把自己推销出去"，此话不假，表面上看，客户购买的是我们的产品，但这是建立在客户对我们的信任的基础上。同样，我们在与潜在客户接触、进行客户开发的时候，也只有获得他们的信任，才能真正将销售进程推进一步。要做到这一点，凸显自己的专业素质必不可少，因为没有一个客户愿意与一个对产品不熟悉、说话模棱两可的人合作。

而现实销售中，一些销售员在与潜在客户沟通的过程中，他们为了能让客户接收到关于产品的更多的信息，常常不顾客户感受，一味地表达自己的观点，但却常常事与愿违，让客户生厌。通用电气公司的一位副总经理曾说："在代理商会议上，大家投票选出导致销售员交易失败的原因，结果有314个人——也就是一多半的人认为，最大的原因在于销售员喋喋不

休，这是一个值得注意的结果。”

可见，谈吐不专业、喋喋不休等是销售员在接近客户的过程中最容易犯的一个错误，同时也是销售的大忌。所以，销售人员在了解和掌握足够的产品信息的同时，也十分有必要培养和锻炼自身的语言组织和表达能力，尽可能地用最清晰、简明的语言使客户获得其想要知道的相关信息。

化妆品销售员小王没有完成上个季度的销售任务，如果这个季度还不能完成销售任务，她就会被公司降级。于是，在这次登门拜访的推销中，她显得有些着急。

小王：“今天我向您推荐的这套化妆品最近刚刚投入市场，也是我们公司花了几年的时间研制而成的。不仅具有很好的美白功效，而且还能抗衰老。……这套产品是我们这段时期销售最好的，客户口碑很不错……我看小姐的皮肤应该属于中性的，这套产品非常适合您……”

客户：“你刚说这套化妆品有什么作用？”

小王：“我刚不是说清楚了吗？因为这款产品中含有从天然植物中提取的美白成分，可以从基因源头帮助您抑制黑色素。”

客户：“我觉得我的皮肤不怎么适合……”

小王：“您到底要买什么样的产品呢？”

客户：“对不起，我现在很忙，以后再说吧。”

从这则销售案例中，我们可以看出，到最后，这位客户已经拒绝了小王的推销，这是为什么呢？仔细看来，其实问

题出现在小王的产品介绍过程中：刚开始，她满腔热情地为客户讲解，但这位客户似乎并没有听懂，此时，小王已经显出有点不耐烦：“我刚不是说清楚了吗？”但她还是继续说出了产品的功效，尽管这样，这位客户还是提出了异议，而在这种情况下，小王似乎已经完全忘记了对方是被称为上帝的客户了：“您到底要买什么样的产品呢？”这一句话彻底让客户对小王失望了，于是，小王被拒绝了。

可见，谈吐不专业、喋喋不休等是销售员在接近客户的过程中最容易犯的一个错误，同时也是销售的大忌。所以，销售人员在了解和掌握足够的产品信息的同时，也十分有必要培养和锻炼自身的语言组织和表达能力，尽可能地用最清晰、简明的语言使客户获得其想要知道的相关信息。

对此，我们需要做到以下几点。

1. 事先对客户进行了解，让沟通具有针对性

销售员在与潜在客户沟通前，应该对客户的自身情况尽量作更多的了解，从而了解客户的思想、需求、愿望、不满和抱怨，甚至客户的气质等重要信息，从而做到有的放矢地对客户进行沟通和鼓动，从而利于商品销售。

2. 语言精练，体现专业素质

这要求销售员做到以下几点。

①表达不冗余，词句简练，信息有其一定的必要性。讲话絮絮叨叨的、繁杂的销售员应当加以改正；

②信息不重复，即说话不可啰唆、重复，表达言简意赅、精练，措辞有表现力，也不要总是把“口头禅”挂在嘴上；

③表达明确，不可模棱两可，也不要使用那些令人费解的词语。防止误解，避免歧义。说话不要吞吞吐吐，说一些似是而非的话，要一是一、二是二，把要表达的意思说清楚。

3. 关键时刻强势一点

如果一味认同客户，难免有奉承之嫌，更会显得销售员的不专业，这会让客户觉得你不可信任。而在一些问题上，如果我们能强势一点，则会让客户看到我们对产品的信心。但即便强势，也要保持良好的态度，最好先肯定对方的意见。比如，如果客户对我们的产品存在一些误解，我们可以这样说：

“说句真话，我从事电脑销售好几年，像你这样如此关心本公司产品性能的客户，我见得不多，像你这样了解本公司产品的客户，更是少之又少，而且，您的建议对我们很有用，所以我衷心地谢谢你。正如你所说，我们的产品现在还存在一定的问题，不过现在它的市场销量很好，说明还是有不少益处的。您看，这是我们去年的销售情况一览表……承蒙您这样的客户关照，我们会更注意改进产品的性能。您买了我们的产品，如果在使用的过程中，有什么问题，欢迎您继续给我们提出来。”这样说，客户一定能接受。

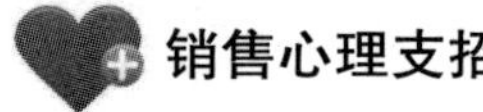

销售心理支招

简洁明晰地表达出自己的观点是一个优秀的销售人员必须具备的素质，也是一个销售人员职业形象的重要部分。销售人员应尽可能地用最清晰、简明的语言使客户获得想要知道的相关信息，因此锻炼和培养良好的语言组织和表达能力对一个销售人员来说至关重要。

第03章

用心倾听，洞悉客户的真实心理全靠一张耳朵

我们都知道，一名优秀的销售人员必须要做到能说会道，但似乎那些总是滔滔不绝的销售人员业绩并不是太好，这是因为他们忽视了一点，客户也有诉说的愿望，事实上，“喜欢说，不喜欢听”是人的弱点之一，喜欢被认同是人的弱点之二，如果你在与客户沟通时，能够掌握这两个人性的弱点，记住“倾听先行”的原则，让客户畅所欲言的同时获得一种认同感，你一定会事半功倍。

善于倾听，听出客户的真实想法

现实销售中，我们在与客户沟通的过程中，只有先弄清客户一些情况，如是否真的要购买、购买什么价位的产品等，然后再有针对性地进行销售，这样才能事半功倍。而事实上，很多时候，出于防备心理，客户并不会道出自己的真实想法。这就要求在能说会道的同时，还要会“听”，以便于在销售中及时判断出客户的需求，从而更准确地找出应对策略，尽快完成销售任务。

刘可在一家大型图书卖场工作，两年来，他为很多图书爱好者推荐出了心仪的书籍，可以说是一位非常合格的销售员。

有一天，卖场来了一位30岁左右的男士，他的脚步停留在一堆心理学书籍旁。这时候刘可走了过去，打招呼说：“你好，先生，您是要购买关于心理学的书吗？”

客户回答说：“我随便看看。”刘可知道客户不愿意跟自己说话，于是，他站在一旁，并没有多说什么。这位先生又在心理学书籍书架旁翻阅了很久，不知道究竟买哪一本好，显得左右为难。此时，刘可觉得时机已经成熟，于是，他再次走过去，对那位先生说：“先生，请问你想购买什么样的书呢？”

客户：“我想买一些心理学的书看看，但是我不知道该买

哪一本好。”

刘可：“是啊，现在的心理学书太多了，不知道您购买心理学书籍是出于爱好，还是其他原因呢？”

客户：“其实，我购买心理学书籍有很多因素，我本来就比较喜欢这类的书，以前读书的时候错过了很多好书，现在想再买点这方面的书看，另外，我现在的工作也需要掌握一些心理学基础知识。但我对心理学知识是一窍不通。”

刘可：“要是这样的话，我建议你买一些介绍心理学基础知识的书，先了解一下，这本《心理学基础》就很不错。等你了解了基础再买别的吧，因为心理学非常地难，买的太难了，根本看不懂，还会给自己造成心理阴影。”

最终，客户选了一本《心理学基础》，高兴地离开了。

我们发现，案例中的图书销售员刘可是个善于把握客户心理，找出客户真实需求的人。刚开始，在客户刚刚光临的时候，他热情的帮助被客户拒绝后，他并没有继续“纠缠”客户，而是等客户真正需要帮助的时候再“出现”，在得到客户肯定的回答后，他开始一边倾听，一边引导客户继续说，进而逐渐让客户主动说出自己想购买的书籍类型，从而很好地帮助顾客作了决定，完成了销售目的。

在一个好的销售员的品质中，有一种品质是最重要的，那就是“聆听”，会聆听的销售员，往往在营销的路上能够走得更远。“聆听”的意思就是“倾听”，也就是要“耳听八

方”。的确，倾听的最终目的是为了服务于销售。而我们若想成功推销产品，就必须要了解客户的需求，而事实上，出于防备心理，客户是不会主动告诉其内心真实想法的，而这，就需要我们在倾听客户说话的过程中多留心，不要为了倾听而倾听，而要及时把话题转到销售工作上。

销售心理支招

那么，具体来说，我们怎样才能倾听出客户的需求呢?

1. 从关心客户需求入手

现实销售中，一些销售人员完全站在自己的立场上考虑问题，希望一股脑儿地把有关自己所推销产品的信息迅速灌输到客户的头脑当中，却根本不考虑客户是否对这些信息感兴趣。这些销售员，几乎从刚一张嘴就为自己的失败埋下了种子。要知道，实现与客户互动的关键是要找到彼此间的共同话题，这就要求销售人员首先要从客户的需求入手。

对于客户的实际需求，销售人员需要在沟通之前就加以认真分析，以便准确把握客户最强烈的需要，然后从客户需求出发寻找共同话题。

2. 多倾听有利于销售的内容谈话

对此，销售员需要倾听出以下几点。

核心点。这里的核心点，指的是客户最感兴趣的关于产品的某个“点”，也就是能满足客户需求的某个“点”。

情绪点。人都是有情绪的，或欣喜、或气愤、或关注、或冷漠等，客户在与销售员沟通的过程中，也会产生诸多情绪，而当销售员听到客户在话语中流露出有利于购买成交的信号时，就要立刻抓住机会，促成交易。

敏感点。世界上也没有无瑕疵的产品，因此，我们的产品或多或少会存在某些让客户不满意的地方，这个让客户不满意的地方，无外乎是价格、折扣、性能、保障、售后服务、购买承诺等。

另外，我们在将话题转换到销售上时，要多使用积极的语言，这样在转化话题的时候，会更自然、巧妙，能更好地引导顾客从有利的一面看待产品，促进产品销售。

可见，如果我们不懂得倾听，只是一味地说服客户购买，那么，很可能与客户的本意南辕北辙；而如果我们善于倾听，善于把握客户的真实心理，就能了解客户真正想要什么，就能知道如何和顾客达成合作和交易。

适时回应和反馈，与客户互动起来

曾经有人说，倾听是一种能力、一种素质、一种思维习惯，更是尊重他人、关爱他人的行为，与此同时，它还是我们与顾客交往的一种有效手段。在一个好的销售员品质中，都有一种品质是最重要的，那就是“倾听”，会倾听的销售员，往往在营销的路上能够走得更远。因此，倾听不但是我们销售员掌握客户各种信息资料的重要途径，更是我们表达尊重的方式，但事实上，倾听并不只是带着一双耳朵听，真正有效的倾听是需要回应的，因此，并不是所有的推销员都谙于倾听之道。

现在的陈忠已经是某公司的销售经理了，他从事销售工作已经有五年经验了。在这五年时间里，他逐渐懂得了如何与客户沟通。

刚从事销售时，有一次，他与同事参加一次会谈，结果客户的回答却是：“你们的提案充满了激情，我们完全被你们眼花缭乱的PPT震住了，所以相信你们的团队在执行上同样充满激情。年轻人，好好干，你们很有前途。但是，我们需要根据你们的提案再商量一下，看看是否符合我们今年的市场策略，我们会尽快联络你们的……”原来，会谈时间只有一个小时。而他从打完招呼的那一刻算起，他长达102页的PPT伴随着口若悬河的讲述，占用了至少50分钟。其间客户几度试图说点儿什么，都被他无情地打断了。

再后来，他懂得了要倾听，毕竟谈生意不是说单口相声。他收起了爱表现的欲望，但问题又出现了，他把说话的机会给了客户，可客户为什么还不满意？一个朋友开玩笑说：“你那‘死鱼’般的眼睛能打动客户？”

他终于找到了问题的症结所在，原来，客户需要的是回应。他得出了沟通的一大经验：既要让别人说，还要专注于别人所说，并用眼神加以回应。也正是这一经验，让陈忠在短短的五年时间，成为一名销售经理。

的确，正如陈忠所理解，倾听并不是面对客户时，不加以引导的任凭客户不停地叙说，没有范围和重点，而是要积极地去倾听，将全部的身心都投入进去，要能够站在客户的角度上理解，并给予及时的回应。当然，回应客户的方式远不止眼神回应，我们同样可以通过动作、语言等。

销售心理支招

具体来说，我们在倾听客户说话时有以下几条要点。

1. 保证你倾听的专注度

我们在听取客户说话时，对客户所反映的内容精力要非常集中，要不停地加以分析、概括和汇总所听到的信息，要关注每一个细节，要重视和发现一些不起眼的小信息所起到的作用。

并且，你要做到身体往前倾，直接面向客户，注意力集中在他的脸、嘴和眼睛，这不仅是一种尊重，更是表明你在认真倾听，就好像你要记住客户所说的每一个字那样。

你在别人说话的时候保持专注不分心，就是最基本的倾听技巧。这是所有技巧中最难养成的，但它的回报是相当可观的。

2. 用你的肢体语言给予肯定回答

以下是表达认同的肢体语言：不时点头；不时与对方保持目光接触；有兴趣的眼神；面带微笑、专注；当一面镜子，别人微笑时，你也微笑；别人皱眉时，你也皱眉；别人点头时，你也点头……

3. 不要急于打断，不要急于下结论，等你的客户说完

如果客户说出的是我们不同意的观点、意见，我们会在心里阐述自己的看法并反驳对方，但我们不要急于反驳或者作出判断，对不同想法和不正确的观点，要待对方说完以后再作进一步的交流。

4. 与客户进行眼神交流

“眼睛是心灵的窗户”，那么为什么要闭着窗户，让客户来猜心思呢？不要再抱怨客户为什么不理解你、不相信你。用眼神与客户交流，如果我们两眼空洞无神的话，那么就会给客户留下心不在焉的印象，客户就会认为你不值得信赖。

与顾客谈兴正浓时，切勿东张西望或看表，否则对方会以为你听得不耐烦，这是一种失礼的表现。如果目光游移不定就会使客户们联想到轻浮或不诚实，就会对我们格外警惕和防范。这显然会拉大彼此间的心理距离，为良好的沟通设置难以跨越的障碍。

5. 复述

我们在与客户开始沟通前最好要复述一下对方的观点，这

不仅是一种认同，更能检查你是否认真倾听。

6. 适当使用讨教的语气求教

我们可以降低姿态，以讨教的语气进行交流。比如，你可以问对方：“请问，您刚才说的电脑的配置，指的是哪些方面呢？”倾听时如此反馈，一来会体现出你在认真倾听，二来可以满足对方好为人师的心理，以此来促成销售。

7. 表达认同，但要先停顿一下

当客户讲完以后，你一定要表达自己的意见，也就是反馈，但一定不要心急，不可心里想什么就直接说出来，不妨先等个几分钟，这样做，有三个好处，首先，如果客户只是暂时停顿、整理思绪，那么，着急发表意见只会打扰客户；其次，沉默是一种尊重他人意见的表现，对客户的言论表示慎重，这是一种最大的恭维；最后，这样也可以给自己留下思考的空间，方便于应对与客户接下来的谈话。

引导客户向你透露心声，成为客户的知己

现实生活中，我们发现，对于陌生的推销员，我们似乎都有一种本能的戒备心，但对于我们的朋友，我们却倍加信任。而人与人之间为什么会由陌生人到朋友？因为情感的共鸣！人们都喜欢与自己有共同爱好、兴趣的人交往，而对于那些与自

己“志不同道不合”的人，则会退避三舍。因此，在与客户沟通的过程中，你不妨先不谈销售，把老客户当作真心朋友，倾听其内心，多多制造共鸣，你会很轻松，在业务上更会有意外收获。

有一天，乔·吉拉德接待了一位客户，这位客户对乔所推销的汽车很满意。因此，乔对这位客户要买车有十足的把握，就差最后的签单了。但此时的乔似乎有点掉以轻心了。

他们一路走向办公室，客户满面春风地说起他儿子来。

“乔，我儿子要当大夫了。”

“那好哇！”乔·吉拉德说。走进办公室时，大厅里几位销售员在说说笑笑。客户还在讲，乔·吉拉德则留心着外边。

“嗨，我儿子棒不棒？”他还说个不停。

“成绩很好，是吗？”乔·吉拉德问，眼睛仍盯着大厅里的那帮人。

“班上前几名呢！”他答道。

“他中学毕业后想干什么？”

“我刚跟你说过了，乔，他念书要当大夫。”

乔·吉拉德说：“太好了。”他看了客户一眼，忽然意识到刚才一直没注意听。他眼神有点异样的神情。

客户突然说：“啊，乔，我得走了。”说完便离开了。

第二天下午，乔·吉拉德打电话到客户办公室，说：“请您回来买车。”

“噢，大人物先生，”客户接着说，“世界头号销售员先生，我要告诉你，我已经从别人那儿买了车。人家能体会我的心情，听我夸我儿子。乔，你没听我说。告诉你吧，大人物先生，有人跟你讲他喜欢什么不喜欢什么的时候，你应该听他们说，全神贯注地听！”

乔·吉拉德猛然醒悟到自己做错了事，赶忙说：“先生，如果因为这个，您不买我的车，这确实是个很好的理由。不过，我现在想告诉您我是怎么想的。”

“什么想法？”

“我觉得您很了不起。您认为我无能，我很难受。但能不能请您帮一个忙？”

“帮什么，乔？”

“希望有一天您能再来，让我有机会证明我是个好听众，我愿意为您效劳。当然，如果您再也不来了，我也不会有任何怨言。”

三年后，那位客户又来了，乔·吉拉德卖给他一辆车。他不只自己买，还介绍了好几十位同事来乔·吉拉德这儿。再后来，那个客户又从乔·吉拉德这儿买了一辆车，送给他儿子——吉姆大夫。

乔·吉拉德12年内共售出13000多辆小汽车，被誉为“全球推销大王”而载入了《吉尼斯世界纪录》。乔·吉拉德成功的原因就在于认真倾听客户的讲述，和客户成为朋友。销售中，

要探寻出客户关心的话题，我们可以根据具体的谈话环境，多仔细观察并积极倾听，然后进行分析得出，继而引入共同话题。比如，销售人员可以从客户的事业、家庭以及兴趣爱好等入手谈起，以此活跃沟通气氛、增加客户对你的好感。

销售心理支招

那么，具体来说，我们应如何倾听，才能让客户把我们当成知己呢？

1. 善于激发顾客的谈话兴趣

首先，这需要我们做到全身心地投入倾听客户讲话的过程中。比如，我们应该身体稍稍倾斜，认真倾听，以此来展示你倾听的兴趣，不要轻易打断顾客；另外，倾听的时候，要配合轻松、自然的表情，通过点头示意或者鼓励性的微笑，并不时地以“哦”“我知道了”“没错”或者其他话语让顾客知道你对他谈话内容的赞许，鼓励顾客说话。当然，对客户倾听的回应应放在客户说完以后，因为客户一旦在诉说的过程中被打断，一些反映顾客需求、动机、感情的事实和线索就可能会被遗漏，而这些恰恰是能否成功销售的关键。

2. 虚心倾听

比如，对他们渊博的学识表现出敬佩的样子，这不仅让他们好胜的心理得到满足，也会为了表现自己而向我们传授更多知识。

可见，与陌生客户交谈，如果我们能善加引导，打开客户的心扉，让其对我们一吐为快，那么，不仅有利于了解其内心真实想法，还有利于拉近和客户在心理上的距离，让他更容易接受你的劝说，从而获得销售上的成功。

虚心请教，满足客户的虚荣心

“好为人师”，是人性的一个弱点。孔子说：“人之患，在好为人师表。”每个人都希望能得到他人的尊重和敬仰，这一点，不分年龄、性别以及职业等。法国大作家罗曼·罗兰说：“自尊心是人类心灵的伟大杠杆”，只要你能满足对方的自尊心，你也就掌握了对方。推销员利用人类的这一弱点，尊对方为老师，抬高客户，甚至可以虚心向对方求教，这样对方就会心情舒畅，心中充满温暖和同情，对你抱有好感，从而不自觉地接受你的推销。

有名电脑推销员叫刘平。一次，他向某大公司推销电脑。工作努力的他，加上平时跑得勤，功夫深，成交希望非常大。但他没料到的是，“半路杀出个程咬金”，在关键时刻，该公司总经理把这件购买事宜交给了一个技术顾问——电脑专家陈教授。经过考察，陈教授私下表示，两种厂牌，各有优缺点，但在语气上，似乎对竞争的那一家颇为欣赏，刘平一看急了，

“煮熟的鸭子居然又飞了？”于是，他准备进行最后的努力，于是，他找了个机会，口沫横飞地辩解他所代理的产品如何地优秀，设计上如何地特殊，希望借此改变陈教授的想法，谁知道，还没等他说完，陈教授不耐烦地冒出了一句话：“究竟是你比我行，还是我比你懂？”这话如五雷轰顶一样打醒了刘平。不过似乎已经晚了。

当刘平垂头丧气地回到公司，向同事诉说这件事后，一位同事告诉他：“为什么不干脆用以退为进的策略推销呢？”并向他说明了“向师傅推销”的技巧。“向师傅推销”，切记的是要绝对肯定他是你的师傅，抱着谦虚、尊敬、求教的心情去见他，一切的推销必须无形，伺机而动，不可勉强，不可露出痕迹，方有效果。

于是，刘平重整旗鼓，再次拜访陈教授。见了面，他一改自己的说话习惯，对陈教授说：“陈教授，今天，我来拜访您，绝不是来向您推销。过去我读过您的大作。上次跟老师谈过后，回家想想，觉得老师分析很有道理。老师指出在设计上我们所代理的电脑，确实有些特征比不上别家。陈教授，您在××公司担任顾问，这笔生意，我们遵照老师的指示，不做了！不过，陈教授，我希望从这笔生意上学点经验……”刘平说话时一脸的诚恳。

陈教授听了后，心里又是同情又是舒畅，于是带着慈祥的口吻说道：“年轻人，振作点。其实，你们的电脑也不错，

有些设计就很有特点。唉！我看连你们自己都搞不清楚，譬如说……”陈教授谆谆教导，刘平洗耳恭听。这次谈话没过多久，生意成交了。

这则案例中，推销员刚开始向他的准客户热情地推销，却失败了，这是因为他忽略了对方的自尊心，大谈自己产品的优势。然而，他犯的错误就是，试图显得比客户更高明是不会赢得客户好感的；同样，他能挽回败局，将一笔快泡汤的生意又做成，其原因是利用了人性的弱点，通过求教，满足了对方的自尊心，赢得了对方的好感从而成功了。可见，抬高客户是赢得客户好感的一个重要方法。

销售心理支招

那么，我们该如何抬高客户呢？

1. 赞美式开场，赢得客户的好感和认同

原一平有一次去拜访一家商店的老板。

“先生，您好！”

“你是谁啊？”

“我是明治保险公司的原一平，今天我刚到贵地，有几件事情想请教一下您这位远近闻名的老板。”

“什么？远近闻名的老板？”

“是啊，根据我调查的结果，大家都说这个问题最好请教您。”

“哦！大家都这样说啊？真是不敢当，你说吧，到底什么问题呢？”

“实不相瞒，是这样的……”

“站着谈不方便，请进来吧！”

……

每个人都渴望被别人赞美，获得认同，客户也是，这里，销售大师原一平之所以能成功推销，就在于他在开场时用请教的口吻赞美了对方：用第三者“大家”的口吻去称赞商店老板“远近闻名”，给老板予以肯定，赢得了老板的好感和认同，接下来的沟通就容易多了。

与客户交谈，把其放到较高的位置上，并虚心地请教其问题，能满足其某种程度的虚荣心和好为人师的心理，可见，有时，对客户的请教也是一种委婉的赞美方式。真诚地去请教客户，往往是打开销售之门的一把钥匙。比如，你可以这样说：

“陈总，我早就听说过您白手起家的故事，我真的很想请教一下您，当时您是怎么作出决定来创业的呢？”

“听说您是通信方面的专家，想请教一下您……”

“专家就是专家，您提的问题都与一般人不一样，都提到点子上了……”

“张先生，您在营销方面这么有研究，有机会一定当面向您请教……”

“李总，您公司目前在物流服务领域做得这么成功，当初

您是怎么想起来开展这项业务的呢？”

2. 放低姿态、适当使用讨教的语气求教

我们可以降低姿态，以讨教的语气进行交流。比如，你可以问对方：“请问，您刚才说的电脑的配置，指的是哪些方面呢？”倾听时如此反馈，一来会体现出你在认真倾听，二来可以满足对方好为人师的心理，以此来促成销售。

虚心请教是让别人产生优越感也是体现自己谦逊态度的重要方式。所以你可以问对方：“关于我的看法，你有什么意见？”

用这样的方式引发对方的思考，创造他说话的机会。而且，你也可能会因为让他有了说话的机会，而引发他对你的好感。

美国一位著名的哲学家说：“驱使人们行动的最重要的动机是做个重要人物的欲望。”可见，说话谦逊，抬高客户，才会让对方听起来更悦耳舒服。这也是我们在开发客户过程中要使用的一项必备说话技能！

别一味地“傻”听，别忘了你的最终销售目的

倾听在销售中的作用早已毋庸置疑，那些顶尖的销售员，通过经验总结出了一条规律：如果你想成为优秀的销售员，就要将听和说的比例调整为2∶1，也就是说，70%的时间让客户说，你倾听；自己用30%的时间来发问、赞美和鼓励他说，只

有这样，销售员才能打开推销之门，成为顶尖的销售员。但从另一个方面看，倾听的最终目的是为了服务于销售。这就要求我们在倾听客户说话的过程中多留心，不要为了倾听而倾听，而要及时把话题转到销售工作上。

小马是一名汽车推销员，在一次汽车展会上，他结识了一位客户。通过对这位客户的言行举止的观察，小马分析这位客户对越野型汽车十分感兴趣，而且其品位极高。后来，小马几次试图约客户出来坐坐，就一些关于越野车的问题谈谈，但是客户总是以各种理由推托，总是说自己工作很忙，周末则要和朋友一起到郊外的射击场射击。

小马终于发现，原来客户还喜欢射击。经过打听，果然如此，这位客户曾经还是一名射击冠军。于是，小马上网查找了大量有关射击的资料，一个星期之后，小马不仅对周边地区所有著名的射击场了解得十分深入，而且还掌握了一些射击的基本功。再一次打电话时，小马对销售汽车的事情只字不提，只是告诉客户自己“无意中发现了一家设施特别齐全、环境十分优美的射击场”。下一个周末，小马很顺利地在那家射击场见到了客户。小马对射击知识的了解让那位客户迅速对其刮目相看，他大叹自己“找到了知音”。

在返回市里的路上，客户主动表示自己喜欢驾驶装饰豪华的越野型汽车，并对一些造型别致、性能好的越野车都进行了一番阐述，小马认真地倾听着。等到客户提到“说实话，现

在市场上的汽车在档次与品位上做得实在……”时，小马立即接过话茬儿：“我们公司正好刚刚上市一款新型豪华型越野汽车，这是目前市场上最有个性和最能体现品位的汽车……”一场有着良好开端的销售沟通就这样形成了。

案例中，我们可以看出，销售员小马是精明的，当他发现直接从客户爱好的越野汽车入手并未见到成效时，就转换了一个角度——射击，当他与客户产生共鸣后，客户对他的戒备心也就消除了，此时，当客户谈及自己最喜欢的越野汽车并阐述自己的观点时，小马能巧妙地接过客户的话茬儿，把话题转入到销售问题上。

销售心理支招

那么，我们该如何在倾听中将话题过渡到销售上来呢？以下是几点心理策略。

1. 倾听不傻听，听出对方的弦外之音

利特尔公司是世界最著名的科技咨询公司之一。然而其前身只不过是其创始人利特尔建立的一个小小的化学实验室，并不为人知晓，但后来一件事却让这个小小的实验室名声大震。事情原来是这样的：

1921年的一天，许多企业家在一次集会上，谈论科学和生产的关系。一位大亨高谈阔论，否定科学对企业生产的重要作用。这位大亨挑战性地对利特尔说：“我的钱太多了，所有的钱袋已经不够用了，想找猪耳朵做的丝线袋来装钱。或许你的科学能帮这个忙，如果能作成这样的钱袋，大家都会把你当科学家的。”说完，他哈哈大笑起来。

聪明的利特尔怎么听不出大亨的弦外之音呢?

他感到非常气愤，恨不得给这种无聊的人几个耳光，可是他忍受了，表面上非常谦虚地说：“谢谢你的指点！”

此后不久，市场上的猪耳朵被利特尔公司暗中收购一空。购回的猪耳朵被利特尔公司的化学家分解成胶质和纤维组织，然后又把这些物质制成可纺织纤维，再纺成丝线，并染上各种不同的美丽颜色，最后编织成五光十色的丝线袋。

这就是猪耳朵丝线袋，这种钱袋投放市场后，顿时被一抢而空。

“用猪耳朵制丝线袋”，这看来荒诞不经的恶意挑战被粉碎了。那些不相信“科学是企业的翅膀”，同时也看不起利特尔的人，不得不对利特尔刮目相看。

利特尔公司从此名声大震。

利特尔听出了大亨的弦外之音，不露声色，暗地里却做好准备，收购猪耳朵，并通过科学的方法将猪耳朵制成丝线袋，不仅为自己带来了经济利益，还粉碎了大亨的恶意挑战，一举成名。这个故事同样给从事销售的人们一个启示：倾听不能“傻听”，要听出关键点，才能有助于销售，否则就会导致本末倒置。

2. 以退为进，不妨从客户关心的话题入手

现实销售中，一些销售人员完全站在自己的立场上考虑问题，希望一股脑儿地把有关自己所推销产品的信息迅速灌输到客户的头脑当中，却根本不考虑客户是否对这些信息感兴趣。这些销售员，几乎从刚一张嘴就为自己的失败埋下了种子。要知道，实现与客户互动的关键是要找到彼此间的共同话题，这就要求销售人员首先要从关心客户的需求入手。

3. 把握销售进程、及时将话题转到销售上来

“大爷，最近听说又有冷空气要来，今年冬天的天气真是没有往年好呀！您岁数大了，尤其要注意保暖，省得头疼感冒不说，还可以减少关节炎的疼痛。您看一下，这件适合老年人穿的加厚羽绒服，它既暖和又舒适，而且非常耐穿……”

在确定了客户的需求之后，销售人员虽然可以针对这些需求与客户进行交流，但是这还达不到销售沟通的目的，这就需要销售人员巧妙地将话题从客户需求转到销售沟通的核心问题上。

另外，我们在将话题转换到销售上时，要多使用积极的语言，这样在转化话题的时候，会更自然、巧妙，能更好地引导顾客从有利的一面看待产品，促进产品销售。

总之，倾听是有效沟通的重要基础。而且，善于倾听的人总是注意分析哪些内容是主要的，哪些是次要的，以便抓住事实背后的主要意思。我们倾听客户说话，也要抓住有利于销售的关键点，不要被个别枝节所吸引。

第04章

心理说服，销售其实就是一场心理说服的过程

作为推销员，我们不得不承认这样一个事实：客户与我们接触之初，往往会存有一种戒备心理，认为销售人员是为其自身利益，千方百计地想把产品销售给自己，因此，作为销售人员，在与潜在客户沟通的过程中，最重要的任务之一就是让客户信任你。而“动人心者，莫先乎情”，如果我们能站在客户的角度推销，句句话都说到客户心坎儿里，是能说服客户，让客户信任你的。

从客户的角度推销，展现你的贴心

在销售活动中，客户所关心的是自己的利益，销售员所关心的是自己的提成或公司的利益，这两者看似是矛盾的，实则是一致的。只有客户的利益得到了保障，公司的利益才有基础。因此，在认清客户的重要性的前提下，销售员一定要设身处地为客户考虑，善于从客户的角度出发，为目标客户介绍他最适用的产品，为客户提供最真诚的建议，满足客户的愿望，充分理解客户、尊重客户，这样才能为自己的成功和公司的长足发展打好基础。

张兰是一名化妆品推销员，一次，公司推出一款新品，张兰就想给自己的几个老客户都通知一下，看谁对这款产品有兴趣。她拨通了第一个客户的电话。

销售员："周姐，您好，我是小兰啊！"

客户："哦，是你啊。有事吗？"

销售员："我们公司新推出一款产品，我觉得很适合您，就给您打个电话，您上次不是让我留意的吗？"

客户："哦，这样啊，我知道你说的这款，我不怎么喜欢，要不，你给我拿套那个××吧，那是大牌子。"

销售员："我知道您说的这款，其实，姐，这套相对来说

贵很多，您可能并不在乎钱，我卖给您贵的，我拿的利润当然也高，但贵并不一定就适合您，说实话，那款产品，你用的话，因为肤质的关系，我怕您会过敏。我建议您还是不要买。”

客户：“小兰啊，你可真是会为我考虑啊，我信得过你，今天下午你到我家来一趟吧。”

情景中的这名销售员可以说是一名称职的销售员，这样的销售员总是会站在客户的角度思考问题，自然会赢得客户的信任。

销售员要想把产品卖出去，首先就要与客户之间建立良好稳固的关系，要实现这一步，销售员就要做到最基本的一点：从客户的角度出发，要了解客户，知道客户真正需要什么。

销售心理支招

销售员具体可以从以下几个方面去做。

1. 理解客户的心情

客户购买产品，其实买的就是一个顺心，如果客户总能感觉到销售员对自己很理解，注重自己的心情和感受，那么客户就会被这种氛围所吸引，进而对产品投入更多的关注。

一个总经理招聘秘书，收到了一百多封求职信，看得他头昏眼花，不知道该如何选择。突然间，有一封求职信吸引住他的目光：总经理先生，您好，我知道您现在要看很多求职信，一定很头痛，而我非常希望帮您处理这个问题。过去我曾经在人事单位工作多年，经验丰富，我相信自己有能力来帮您解决这个问题。

这位总经理眼睛一亮，立刻打电话邀请这位求职者来上班。

这封求职信的文字并不算特别优美，求职者也没有大肆吹嘘自己的能力。她只是站在这位总经理的立场，思考他的需求，就从众多竞争者中脱颖而出，为自己赢得了一个工作机会。这样的理念如果用在销售上，也会产生神奇的效果。

2. 重视客户的利益

说服客户，不仅需要较好的语言技巧，更重要的是要掌握正确的原则：抓住客户的切身利益展开说服工作，即“站在别人的角度，说自己的话”。

每个人在沟通的过程中都有一个自己的立场，若别人说话的立场和自己的不同，自然就会产生抗拒心理。聪明的销售员应该学会和客户站到同一个立场上去，并从客户的角度出发去思考问题。

3. 帮助客户解决问题

一位好的销售员可以为客户提供解决办法，为其减少麻烦，并帮助他们拓展业务。在约见客户之前，你最好就对他们生活和工作有所了解，知道他们目前正在遭遇哪些问题。如果你的产品恰好有助于他们改善或有效解决眼前的困境，那你就要抓住时机告诉客户：你的产品在解决难题过程中的种种优越之处。如果你的产品能够协助客户有效解决客户遇到的难题，

那么即便你不做过多的介绍，客户也会对你的产品情有独钟、充满兴趣，从而产生购买的想法。

赞美是最能愉悦客户耳朵和心灵的礼物

赞美是世界上最美的语言。成功的秘诀无非是微笑、赞美和关怀。赞美是获取人心的法宝。因为任何人都渴望获得别人的赞美。在与客户交往中多多使用赞美，你就能取得客户的信任，给对方留下好印象。但要记住，赞美之言必须是发自内心的。

一个周六的早上，老年保健仪器推销员小林来到了某小区，然后敲开了客户的门。

开门的正是他的准客户刘先生，进门后，小林环顾四周，他发现，整个客厅，都有种古色古香的感觉。不一会儿，他抬头就看见满客厅的字画。很快，他就找到了与刘先生交谈的话题。

“哎哟，这字写得，我真不知道怎么形容得好，刘先生，这是您从哪位书法家手上买的墨宝啊？”

刘先生一听，顿时笑了起来，说：“你真是见笑了，这些都是我父亲的笔墨，他比较爱好这些，平时没事就舞文弄墨……”

“看来我今天还真是来对了，令尊现在在家吗？”

“这几天他去省城的姐姐家了，估计过几天才会回来。”

“真是可惜了，我还想要是令尊在家的话，我想向他老人

家讨要点他的字画呢！”

“哦，原来是这样啊，这个你可以放心，我可以做主，送你几幅。”

“那太谢谢您了……”

就这样，刘先生与小林就中国字画的问题聊了起来。聊到尽兴之时，小林突然装作乍醒的样子说：“刘先生，您看，我和您一聊到这里，就忘了我今天来原本是要想……不过，您不购买也没关系，我今天可是收获颇丰啊！”

“你说的是老年保健仪器？老爷子身体现在越来越不好了，我也没时间陪他锻炼身体，要不，你回头送一台过来吧！”

“好的，谢谢刘先生啊！”

案例中的客户刘先生为什么会如此爽快？很简单，这得益于销售员小林在提出销售问题上进行了一番语言的铺垫。在小林进门之后，他就对客户家的一些特点进行了一些观察，难道他真的不知道这些字画出自客户父亲？当然知道！他这样问，只不过是让自己的赞美显得更真实可信。于是，针对客户家的这些与众不同的“风景”，小林与客户展开了一番深入的交谈，他很快便获得了客户的好感。此时，小林再提出自己拜访的真正目的，客户的抵触情绪自然少得多。

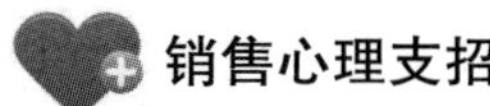

销售心理支招

赞美客户是件好事情，但并不是一件简单的事。尤其是那

种毫无根据、泛泛而谈的赞美，更有奉承之嫌，那么，作为销售员，我们该如何赞美客户呢？

1. 赞美要有根据

销售员在赞美客户时，一定要有根据，这里的根据，指的是赞美要实事求是，要具体，这样的赞美才显得真实，才容易让人接受。那么，哪些是赞美中的“根”和“据”呢？其实很简单，我们可以尽量让赞美细节化，避免泛泛之谈。比如，我们在与客户交谈的时候，可以赞美客户的经历、办公室的布置等。

“张总，之前我听您部门的小刘说你是个很随和的领导，真是不假，一见到你，我就觉得特亲切。”

2. 间接比直接赞美更有效

不太适合直接赞美客户的时候，我们就可以选择间接赞美的方式，而这一方式，通常更能彰显出赞美的效果。间接赞美的方法有以下几种：

①赞美客户最关心的人或事。

比如，你发现客户的车很好，但你并不能直接对客户说：“这车，真不错！”因为你这样说，还有另外一层含义，车子怎样，多半是厂商的功劳，客户只是花钱购买，因此，聪明的你应该找到客户更想听到的。如：“这车保养得真好！”或“你挑车的眼光真好！”这就真的是赞美客户了。

而如果你的客户是位女士，那么，她最为关心的话题也许并不是她自己，而是她的丈夫和孩子，如果你能从这一点赞美，那么，你就会发现，这比赞美她本人还要令她高兴。

②借用第三者的口吻来赞美。

直接恭维，会让客户觉得有奉承之意，而如果你能借用第三方的口吻，则会显得更真实，比如说："怪不得小张说您越来越漂亮了，刚开始还不相信，这回一见面可真让我信服了。"这样对客户说就比说"您真是越长越漂亮了"好得多。

③从否定到肯定的赞美。

这种用法一般是这样的："我很少佩服别人，您是个例外。"这样赞美，更显真实。

3. 善于发掘客户的亮点，赞美要有新意

不是每一个客户都是成功人士，也并不是每个人身上都有那些闪光点，他们多半都是平凡人，鲜有卓越的成绩，因此销售员在面对客户时，应该从客户身上的具体事件入手，任何的细微小节都不放过，只有你的赞美深入具体，客户才会觉得你对他足够重视，才能感觉到他所获得的肯定是真实可信的。

总之，赞美要落到实处，就要找到具体的赞美点，这个赞美点必须是客户身上真实存在的，在赞美时指出细节，说明它的特点，给出自己的评价，这样的赞美会让客户有真实感，才会让客户认同你的说法，从而改变态度，就你的推销进行商谈。

随时恭候，让客户感觉你随时都在

“客户就是上帝”，这是从事销售行业的任何人都熟知的一句话，对于潜在客户，虽然他们可能并不会购买我们的产品，但我们绝不能区别对待，俗话说，人心换人心。其实，在客户和销售员之间也是这样的。销售员对客户有几分真心，客户也会相应地回报几分。所以，销售员要想获得客户的认可和关照，就要在任何时候都要对客户做到“随时恭候”，让客户体会到我们的用心。

小周是一家食品公司的业务专员，他是个很细心的年轻人，他热爱销售工作，总是一心扑在工作上，业绩突出，但是一直没女朋友。一些爱开玩笑的同事称他之所以会有这样好的业绩，是因为他把客户当成自己的女朋友一样对待，事实上，也的确如此。

一天傍晚，小周跟客户约好了在郊外的一个度假村商量产品买卖事宜，谈完业务之后，小周和客户都离开了度假村，各自回家了。谁知二人分别之后，不到10分钟，天上突然下起了大雨。小周由于经常在外面奔走的习惯，所以包里总是放着一把伞。可是那个客户平时都是开车出门，没有这个习惯。

当小周想到这里的时候，赶紧给客户打了个电话，正如小周所料，客户被困在半路上的一个小卖部里，小周得知这个消息后，冒着大雨，打着伞亲自前往，把客户送到了家里。而小

周因为用伞护着客户，自己的半个身子全部淋透了。

事实上，那天的合作由于价格的问题没有谈下来。可是小周把客户送到家之后，客户二话没说，立即让小周拿出合同签了，而且从那以后，客户和小周成了无话不谈的朋友。在后来的合作中，客户还给小周介绍了不少的新客户呢！

从上面的故事可以了解到，业务员小周之所以能打动客户，是因为他的细心，在客户需要帮助的时候及时出现，感动了客户。的确，客户需要销售员用心去接触。而现实销售中，一些销售员看重的只是合作，他们也只是把客户当成业绩的源头和合作的对象，为了达成协议，他们千方百计、想尽一切办法，只要合作完了，再也没有了联系。销售员这么定位客户，客户自然也会把销售员当作合作者而已。而如果销售员们都能和案例中的这位小周一样，随时都为客户考虑，为客户鞍前马后，尤其在客户需要你的时候及时出现，这样客户自然也会把你当成亲密的朋友一样对待。

销售心理支招

那么，在与客户打交道的过程中，我们该如何才能做到对客户“随时恭候”呢？

1. 与客户约会时，宜早不宜迟

我们都知道，男女约会，如果男方迟到，那么，女方一定不高兴，正确的做法是男方先于女方出现，这样你的女朋友

才会高兴，才会觉得你对她是真心的。和客户约定之后，也是一样的，销售员千万不能迟到，也要早到，耐心地等待客户。自己多等一会儿没关系，但是千万别让客户等你。如果你迟到了，或者让客户等你，那么这个单子十有八九拿不下来，因为你让客户觉得自己根本不受重视。

2. 客户有需要时一定要随叫随到

销售员是客户的服务者，客户如果对产品有什么疑问或者是想法，第一时间找的就是销售员。这时候，销售员不管是否上班，是否在忙，都要在第一时间赶到客户跟前，为客户解决疑问，帮助客户处理问题。只有这样，客户才会觉得销售员是认真负责的，彼此之间才会有一个长期的合作和发展的关系。

3. 承诺客户的事情一定要做到

与人交往，一定要做到一言九鼎，只有这样，才会让对方觉得你值得信任。和客户交往也是一样的，承诺客户的事情一定要做到，如果因为这样那样的原因，而最终食言了。这样客户对你的信任就会大打折扣。这给以后继续合作和交流埋下了心理隐患。所以，销售员尽量履行对客户的承诺。如果因为客观原因而没办法做到，那么也要给客户作诚挚的道歉，以获得客户的原谅。

4. 合作结束后，关心一定要时时到

和客户合作之后，销售员要时常地关心客户。让客户感受到你的那份真诚和关怀。这样一来，客户会被你的真心所感动，就算是产品有什么问题，也会睁一只眼闭一只眼，不给你添麻烦。事实上也只有这样，客户才会跟你有一个长期合作的关系。所以，销售员千万不要吝啬自己的关怀，时不时地打个电话，或者发个短信。询问一下产品的使用情况，让客户听到你的声音，从而常常记着你。这样，你不仅能做到很好地维护与现在客户的关系，当客户对你的人品以及产品都认可的时候，也会为你介绍更多的新客户。

总之，我们若想成功将产品推销出去，就要以情动人，不要吝啬你的关心，不要吝啬你对客户小小的帮助，让准客户随时感受到你的存在，自然会取信于你！

以情动人，打动你的客户

我们知道，人都是情感动物，人与人之间从毫无关系到认识，再到信任，最后成为朋友，就是人们常说的“缘分”，但这需要彼此间心与心的交流。这点告诉我们，从事销售，在与客户正式沟通前，我们也要有意识地制造自己与客户之间的这种“缘分”，而制造这种“缘分”的关键就是：语言要真诚婉转，以情动人。如果我们能说些动情的话，打开客户的心结，那么成功开发客户的概率无疑会大大提高。与冷冰冰的销售言辞相比，热情、充满关爱的关怀更容易打动客户。然而现实销

售中，一些销售员能言善辩，介绍产品时口若悬河，但在销售中，却四处碰壁，其中，很大程度上的原因就在于此。

这是一名销售人员与顾客的对话：

“我们现在不需要。”

“看得出您很忙！有你这样的人持家，你的家人一定十分幸福！”

“噢，谢谢！今天我丈夫不在家。”

“我听说了，我知道您先生是一位事业成功、在业界有影响力的优秀人士。那句话说得没错‘每一个成功的男人背后都有一个伟大的女人。’”

“呵呵，哪里。我们对你的产品还是挺感兴趣的，等我丈夫回来后，我们一块儿去你那里购买。”

“好，谢谢！这是我的名片。”

从上面这个案例中，我们可以发现，这位销售员的话奏效了，他在面对客户拒绝的时候，仍然保持良好的态度，并对客户说了一些“动情”的话，从而获得了客户的认可，成功打动了潜在客户。可见，在与潜在客户沟通的时候，销售员不要以为自己的语句合乎逻辑就可以让推销的工作顺利进展了，真正打动人的是带有情感的话。成功的销售员都会想客户所想，忧客户所忧，尤其是对于那些感性的客户，这一方法总是更显效果。

每个人的心中都会留有一片空地，专门为情感打结所用，所谓“心有千千结”并不夸张。推销员不是解开情感心结的

人，但销售员必须知道，这结是情感的结，推销中要注意把握情感，做情感的舵手。

销售心理支招

那么，销售过程中，销售员该如何说“动情”的话，以此来感动客户呢？如何拥有热忱的态度呢？

1. 理解客户的情感，说话时以情动人

销售员可以以朋友的心态来面对每一个客户，多站在客户角度想想，考虑一下客户的利益以及客户的想法，销售员倾听他们的想法。可能客户一次两次不能接受自己，只要我们是真诚的，我想第三次就能打动他了，真心付出总会有收获的。

2. 真正关心你的客户

①千万不要撒谎，谎言是致命的。

②珍惜客户的时间。

③销售中，如果你对自己的产品介绍有误，就要大胆承认，否定只会让客户对你产生质疑，影响信任度。

④多为客户考虑，不仅要满足客户表面要求，更要为客户提供深层次的想法和意见。

⑤永远不要否定你的客户。

⑥理解你的客户，他是繁忙的，他的工作压力来自各个方面，还有很多工作和生活中的烦恼。

⑦让你的客户感受到来自你的尊重，让他在同事或者上司

面前有面子。

⑧学习你客户的业务，要求不知足地学习客户的业务。

⑨如果你对客户的业务不熟悉，就不要不懂装懂，对于不懂的问题，不妨直接问他，他是喜欢与别人谈论他的业务的。

⑩保持热忱的态度，情绪不要激动，你要稳重并有做生意的样子，冷静地工作。

3. 态度要诚恳

在与客户沟通的过程中，要让客户感到你是诚实的，客户是不愿意和一个虚伪狡诈的人沟通的。因此，销售人员说话一定要恰如其分，符合双方的身份，不然，就会引起客户的反感。

4. 关心客户身边的人

对于销售员来说，具有良好的亲和力是能够与客户融洽交谈的必然要素。想要在客户心中建立起亲切感，亲近客户的身边人是一个不错的方法。客户的亲戚、朋友，尤其是孩子，真的是你很好的助手。在日常生活中，多研究儿童的心理，对你的推销大有帮助。

另外，我们一定要把话说得亲切、和蔼，这样才能使客户感到愉快，从而对销售人员产生信任。热情的语言也表现了态度的热忱。

可见，销售就是一场心理战，我们能否打开客户的心，直接关系到我们是否能成功推销出去产品。而善辩不一定就是优秀的销售员，销售员与客户结缘，也绝用不上什么高深理论，最有用的可能是那些最微不足道的家常话，但这些话只要能说到客户的心坎上，就能打动客户，就能产生积极的效果！

亲情式服务，让客户宾至如归

在现代产品营销中，随着消费品市场的扩大和客户对产品知识的充盈，客户逐渐变得更加理性，不再轻易为了商家的促销活动而冲动购买，他们更需要一种亲情式的服务。但就在这种情况下，还是有很多客户会为了那些简单直白的销售而被感动，原因在哪？就在于销售过程中销售员抓住了客户的心。因此，作为推销员，与其将产品煞费苦心地劝说客户购买，倒不如用温情打动客户。

当然，推销过程中的讨巧并不一定体现在语言上，有些推销员也有用实际行动赢得了客户的信任。我们再来看看下面这个推销案例。

这天下班后，小王又被领导拉去应酬了。这次，是要与一个大客户吃饭，听领导说，这次是笔大生意。小王很细心，出门前，他询问了一下领导，客户有哪些特别之处。结果。领导的回答是："没啥特别，就是有点高血压，有点老胃病，都是应酬弄的。"小王记下了这点。

来到饭店，就点菜问题，领导和客户互相推辞，最后，大

家决定把这项权利交给小王。小王心想，这是自己表现的时候了。不到一会儿，小王就点了一桌子菜。

这时，小王诚恳地对客户说：“王总，订餐之前，我已经跟酒店嘱咐过了，炒菜不要用动物油特别是猪油，而要用植物油，桌子上基本上是低脂肪、低热量的菜，您可以放心食用；还有，这道白菜心拌海蜇皮，您先尝尝。这是道正宗的醒酒菜，还有护胃的功能。”

“嗯，味道不错，吃惯了大鱼大肉，吃这道菜，还真是挺有味儿。你说它能醒酒？”客户提出了疑问。

“是的，现在市面上有很多种醒酒的药物，但我觉得‘是药三分毒’，我们还不如吃这种营养又健康的蔬菜。”小王语重心长地说。

这时候，领导也插了一句：“王总，你可别小瞧这小子，他可是我们公司有名的美食、健康专家啊！还经常教我们一些养生之道。”

“现在的年轻人注重养生的可不多啊，真难得，对了，你那道白菜心拌海蜇皮是怎么做的？我回家让我太太也经常做一些。”

“其实这道菜，做起来很简单，将海蜇皮清洗干净后，切成丝；用清水浸泡2小时，中间换三次水，洗去腌渍海蜇皮的盐和矾；浸泡好的海蜇皮控干水分后，放在漏网里，用80度左右的热水冲淋一下，并迅速过凉水……”

一场饭局下来，小王和王总就这道醒酒菜聊得不亦乐乎，而这单生意也成功地做成了，而令小王惊奇的是，这个王总还向领导指明将这单生意归为小王的名下。

这则案例中，小王是个细心的人，得知客户有高血压且有老胃病，在点菜时，他便加以留意，而且，他与客户的交谈也是诚恳的，当客户发现小王的善意之后，一下子就打开了话匣子，并最终决定与小王做生意。

在生活中，我们可以承受严厉的斥责，却难以抵抗温柔的劝说；我们在强硬的态度面前往往会不依不饶，丝毫不为所动，而在和颜悦色的劝说下，却能够网开一面，作出让步。

销售心理支招

那么，具体来说，我们在推销过程中，怎样做到以情动人呢？

1. 不要急于谈生意

客户也是人，也会受情感的左右。所以，在接近客户之初，不要急于谈生意，先与客户寻找共同感兴趣的话题，这样，在不做生意只谈朋友的前提之下，和客户取得了心灵的共通，博得了相互之间的认同。“先做朋友，后做生意”，既然是客户的朋友了，对于客户来说，跟自己熟悉的朋友合作，自然要比跟陌生的人合作更加放心了。只要做成了朋友，那么你的单子自然很快就签下来了。

2. 帮客户做点实事

用情感打动客户，还需要我们用具体行动来证明。比如，

在客户最无助的时候及时出现、帮客户解决某些生活中的难题、为客户做些举手之劳的小事等，让客户真正感受到我们送去的温暖，他自然愿意对我们打开心扉！

尽管销售员和客户之间存在着利益关系，但是尽管如此，这种利益关系并不是赤裸裸的金钱交易。其中还包含着人与人之间的温暖和真情。销售员要多关心客户的生活，关注他们身边发生的事情。这样无形之中就会渗透到客户的生活中去。销售员要学会在“关键时刻”送去你的问候，用情感温暖客户。

第05章

心理暗示，销售的关键是始终让客户跟着你的思路走

我们都知道，销售的过程就是劝服客户购买的过程，而我们发现，那些销售精英们似乎都有某种魔力，他们只需要一句话、一个动作，或者一点点的技巧，客户就会遵从着他的意愿去购买产品。其实，这是因为他们懂得心理暗示的技巧，实际上，暗示是一种心理对策，是基于对客户的购买心理的掌握之上的。如果你也想成为一个能把握客户心理的销售人员，不妨从掌握一些基本的暗示技巧开始吧！

善于引导，始终把握销售的谈话主动权

我们发现，在销售和推销过程中，经常会出现一些意外状况，这是销售员防不胜防的，对于这样的情况，我们千万不要泄气，不要灰心，一定要牢记你的推销目的，一定要带动整个谈话的方向，一切言行从对方利益出发，提出方案后，立即行动，主动、积极地去把控整个谈话局面。

1975年，著名推销高手、畅销书作家罗伯特·舒克通过电话与“肯德基家乡鸡”的创始人——哈南·桑德斯上校约定了一个会面时间，准备访问他，以作为撰写《完全承诺》一书的资料。当时，桑德斯已经85岁高龄了，他答应去路易维尔机场接舒克，然后两人一起到上校家畅谈。

飞机准时到达路易维尔机场，舒克走向机场正门，一眼就认出了大名鼎鼎的桑德斯上校，因为他早已在肯德基餐厅门口见过桑德斯的塑像。他热情地向上校打招呼，并伸出了手，但是上校却悲叹着说：“今天没办法接受你的访问了，我在冰上跌倒，脑袋撞个正着。”

“桑德斯先生，我真的很高兴看到你，”舒克完全无视桑德斯要取消访问的话，“听到你受伤了，我很难过。”

“今天早上，我在冰上滑倒，头上一大片瘀青，”上校继

续说，“我没办法通知你说我要取消这次访问。我也不想让你在机场干等，而我却没有出现。所以我在前去看医生的途中先到这里见你。”

“没有关系，上校，”舒克仍然忽略对方要取消访问的事实。他可没有忘记自己大老远跑过来的目的是什么，因此他要赶紧想办法达到自己的目的。

“哎哟，好大的一块瘀青！”舒克看到上校的后脑勺上一块明显的肿块。“我们走吧，当医生替你包扎好，我们就到你那儿去。”

他完全不给上校任何说话的机会，马上转向上校的司机：“车子停在哪里？”

“就在那里。”

“我们走吧，”舒克边说边向车走去，“我们必须先送上校去看医生。”

上校和司机主动地跟在舒克身后，一行三人便开车往诊所的方向驶去。在医生为上校的头部稍做处理后，舒克和上校就开始了他们的访问工作。结果，他们都度过了愉快的一天。

原本由桑德斯先生掌控的整个谈话大局一下子转变为由罗伯特·舒克掌控，从而达成了谈话的目的。所以，在整个销售过程中，掌握一定的语言技巧，在与客户交谈时能够控制整体局面，带动整个谈话的方向，这是优秀推销员必备的素质。

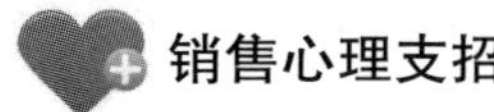

销售心理支招

那么，销售人员在电话销售的过程中，该怎样套出客户的内心想法，并予以解决，从而把握整个谈话方向呢？

1. 巧用心理暗示

销售员在对客户的购买能力等情况进行一番了解后，不妨对客户进行心理暗示："夫人，您要是为您的孩子购买一架钢琴的话，周末的午后，您的家里飘荡起您孩子优美的钢琴声，不失为一种美啊！"

另外，销售员在对客户进行一番暗示后，不能急于让客户对购买产品表态，因为客户需要一些时间思考，让这一暗示真正地进入客户的头脑，渗透到思想深处，进入客户的潜意识。利用这些方法给客户一些暗示，客户的态度就会变得积极起来，等到进入推销过程中，客户虽对你的暗示仍有印象，但已不认真留意了。当你稍后再试探客户的购买意愿时，他可能会再度想起那个暗示，而且还会认为这是自己思考得来的呢！

2. 引出客户的真心话

很多销售员，自己在电话这边头头是道地讲述产品的优势，但客户却丢给他一句话："考虑看看"，然后就挂断电话，虽然客户这样说，但销售员要明白，客户称"要考虑"，并不是真的想考虑，而是已经对你提出了拒绝，此时，销售

人员如果认为客户只是还需要时间的话，那么，就太“天真了”！要处理这种状况是有点棘手，因为客户会说出这句话，多半是在推销员已经作了相当多的说明后，就算勉强再运用其他拒绝语言处理，效果也不会很好。

即使客户先前一直表示赞同，但是面临重要关头却又退缩时，重提此事只会增加客户的厌恶。所以，必须改变一下方式，从另一个角度去引出客户真正的想法，如“我是很想买，但是缴费负担太重”，若能让客户说出真心话，就有希望进一步促成交易。

所以，推销员要懂得调适自己的心态，要有“被拒绝是当然的事”的心理准备，被拒绝对于销售员来说，是再正常不过的事，不能恐惧被拒绝，要坚强地面对客户的拒绝，引导客户说出真心话。

巧妙提问，一问一答间引导客户思维

作为销售员，我们都知道，销售的秘诀在于找到客户内心最强烈的需要。但现实情况是客户对我们都心存芥蒂，他们是不可能自报家门，将内心的真实性想法全部透露给销售人员的，那么，我们怎样才能找到客户内心这种不愿外露的需求呢？其中一个重要的方法就是提问法，提问不但能找到客户内

心的需求，还能帮助我们掌控整个销售局势，让客户跟着我们的思维走。

约翰有一家自己的公司，他的公司专为其他公司提供销售人员和管理人员，在一个星期五的下午，他和他的老同学有一个约会，那天天气很热，当他到达约会地点的时候，发现自己早到了20分钟。为了不让这20分钟的时间白白浪费掉，他决定找个客户进行推销。

约翰到了一家规模比较大的汽车销售店，并走了进去。

“你们老板在吗？”他问销售员。

“不在。”

约翰并不退缩，又问道：“那么，他会在什么地方呢？”

“在大街对面。”

约翰走到街对面的接待室，他问：“你们老板在吗？”

“嗯，他在，在他办公室里。”接待小姐说。

当时那位老板正在和销售经理商量事情，约翰走进他的办公室，问道：“作为贵公司的老板，我想您大概总是在想办法增加销售额吧？”

“年轻人，你没看见我正在忙吗？今天是星期五，又是吃午餐的时候，你为什么在这样的时间拜访我？”

约翰满怀信心地盯着对方说：“您真的想知道吗？”

“当然，我想知道。”

“好吧，我是刚从雷丁乘车过来的，我有个约会是下午2

点，有20分钟的空闲时间，因此，我想利用这短暂的时间来访问您。” 稍作停顿，约翰又压低声音问：“贵公司大概没有把这种做法教给销售员吧？”

那位老板听到约翰的问话后，绷着脸看了销售经理一眼，过了一会儿，老板微笑着对约翰说：“多亏你，年轻人，请坐吧。”

这则案例中，约翰之所以能在20分钟内得到客户的认可，正是因为他抓住了一个商人的心理特点，从对方关心的问题——销售额上入手，并以此设置悬念，引导客户回答出：“当然，我想知道。”从而抓住了客户的好奇心，让客户跟着自己的思维走。

销售心理支招

在销售过程中，任何一位销售员只有掌控整个谈话的局势，才能引导客户跟着你的思维走，最终实现成交，而聪明的销售员在交谈之初都会用提问的方式来吸引客户的注意力，具体来说，他们会这样做：

1. 询问客户

销售员在沟通中，只有了解客户在意什么，不在意什么，才能做到有的放矢地沟通，而事实上，有些销售员却忽视了这一点，总是只顾自己讲，而不明白客户的真实想法，最终导致沟通方向与客户期望的方向背道而驰，那么，怎么才能解决这一问题呢？唯有询问！询问可以更好地控制谈话的进程，更大程度地调动客户的兴趣和积极性。而询问往往可以使销售员得到更多的信息，这些信息都会对促成交易有利。

当销售员向客户解释一段后，就应该向客户进行询问，看他听进去了多少，听明白了多少，他的看法如何。这时，销售员应该问：“关于这一点，你清楚了吗？”或者“您觉得怎么样？”这样就给客户提供了一个说明他的想法的机会。

2. 有所避忌，有些问题不可问

在和客户谈话的时候，有的东西是需要特别注意的。

不要问及对方的花费，比方说别人衣饰的价钱，或送礼的价值以及请客所花的费用，这会让人觉得你触及他的经济能力或者怀疑他送礼的心意；

也不可以问女子的年龄（除非她是六岁或六十岁左右的年纪）；

不可问别人的收入；

不可详问别人的家世；

不可问别人用钱的方法；

不可问别人工作上的机密、

“己所不欲，勿施于人”，凡是你不想让人知道的事你也应该避免询问对方，谈话的目的是引起对方的兴趣，而不是使任何一方没趣，能令对方滔滔不绝，是你说话的本领，也是你增广见闻的方式。

当然，在与客户沟通时，从客户感兴趣的话题提问也是

有一定技巧的，如果用得不恰当，也会起到相反的作用。很明显，向客户提问是令对方感兴趣的话题。

妙用封闭式提问，潜移默化间让顾客产生兴趣

在销售中，很多销售精英为了掌握整个销售的方向，常常会采取提问的方式来与客户沟通，而提问的方式有很多种，其中就有封闭式提问，所谓封闭式提问，是指提出答案有唯一性，范围较小，有限制的问题，对回答的内容有一定限制，提问时，给对方一个框架，让对方在可选的几个答案中进行选择。销售员在与客户沟通的过程中，对其进行封闭式提问，能逐步引导客户，让客户接受我们的建议，最终实现成交。可见，封闭式提问的重要性。

销售员：那么，你同意获得利润最重要的是靠经营管理有方了？

顾客：对。

销售员：专家的建议是否也有助于获得利润呢？

顾客：那是毫无疑问的。

销售员：过去我们的建议对你们有帮助吗？

顾客：有帮助。

销售员：考虑到目前的生产情况，技术改革是否有利于生

产一些畅销商品呢？

顾客：应该说是有利的。

销售员：如果把产品的最后加工再做得精细一点，那是否有利于你们在市场上销售呢？

顾客：是的。

销售员：如果在适当的时间，以合理的价格推销质量好的产品，你们公司是不是会得到更多的订单？

顾客：会的。

销售员：如果你们按照我们的方法进行试验，并且对试验结果感到满意，你们是不是下一步就准备采用我们的方法？

顾客：对。

销售员：那么我们现在可以先签个协议吗？

顾客：可以。

在这个范例中，销售员就是通过封闭式提问，将客户的思维逐步引导到自己所希望的轨道上来，从而最终说服客户购买的。

销售心理支招

那么，销售员该怎样对客户进行封闭式提问呢？以下是几点建议：

1. 建议式提问

采用提问的方式对客户提意见，比单纯地建议客户购买产

生的作用更大、效果更好，因为虽然是提问，但最终的决定权还在客户手里，客户会有一种被尊重的感觉。

“您看您是年付还是季付？”

“您看您是亲自过来还是我给您把保单送过去呢？”

在交谈中，应避免用下面的方式：

“您看怎么办？”

“您看，还是尽快将字签了吧！”

主动约见客户，我们可以采用这样的话术：“王先生，通过我刚才的讲解，我们都发现，解决这个问题已经成为迫不及待的事了。既然这样的话，我们是否能在明天或者后天约个时间见面，我再仔细地向你说明。”当对方决定与你见面时，电话销售就算完成了。

2. 主动式提问

主动式提问指的是在介绍完产品后，销售员对客户的感受直接提出的疑问，目的是希望得到客户的反馈意见。一般来说，只要销售员注意自己的说话方式，客户都会直接、正面回答这些提问，比如，销售员可以直接问客户：“这款手机是采用最新的流行颜色设计的，不知道您喜欢不喜欢这种颜色呢？”如果客户说他不太喜欢，那么“症结”就已经找到了。

3. 二选一式提问

二选一的提问方式，会让销售员在无形中给客户作了购买的决定。很多时候，如果销售员发现客户已经有购买意向，但却迟

迟不作出决定，此时，你可以对客户使用这样的提问方式，假定客户已经在购买，然后提出一个可以供客户选择的问题。

一位保险销售员去拜访客户，见到客户，他说："保险金您是喜欢按月缴，还是喜欢按季缴？"

"按季缴好了。"

"那么受益者怎么填？除了您本人外，是填你妻子还是儿子呢？"

"妻子。"

"那么您的保险金额是20万元，还是10万元呢？"

"10万。"

4. 提答案为"是"或"否"的问句

要确定客户有某一个需要，你应该把客户的需要涵括在提问当中（运用反映需要的言辞），引出"是"或"否"的回答。

例如：

客户："我们现在用的笔记本电脑，它的电池使用时间太短，好几次在紧要关头就没电了。"

推销员："所以您希望电池的使用时间长些，对吗？"（用选择式询问确定需要）

客户："是。"

因此，在销售过程中，如果销售员能恰当提问，便可以顺利把客户带进自己的谈话模式中，变被动为主动；而如果销售员不懂得如何提问题的话，销售员将无法获得客户信息。

销售催眠法，让顾客一开始就认同你

我们都知道，销售的过程就是不断劝服客户购买的过程，但不少销售人员发现，似乎无论我们怎么苦口婆心地劝说，客户总是能找到拒绝的理由，很多销售员感到束手无策。其实，这是因为我们给了客户拒绝的机会，而如果我们能掌握一点心理暗示的技巧，让客户自己承认产品的优良、服务的到位等，让客户在一开始就说“是”，就能有效将客户的拒绝遏制住。

小吴是一家电子产品公司的销售员，为了能实现公司电话软件销售的工作，小吴前去拜访一家科贸公司的总经理。这家公司“财大气粗”，人脉广泛。但在沟通的过程中，科贸公司的经理提出了不同看法：

客户：“到现在为止，所有厂商的报价都太高了。”

小吴：“所有的报价都太高了？真的是这样吗？”

客户：“是的。”

小吴：“不过，我想您应该不会反对我与您进一步展开合作吧？”

客户：“反对倒还不至于。”

小吴：“那么如果我们有机会再次合作，难道您不觉得我们可以帮助您建立更广泛的客户群吗？”

客户：“嗯，很有可能。”

小吴：“您想我们平时买优质的手机和传真机，都是为了拥有更好的通话质量，对吗？如果我们的产品通过与您的合作被更多人所使用，那么那些受益者第一个想到的就是贵公司的名字对吗？”

客户：“嗯，那倒是这么回事。”

小吴：“所以您不反对我们通过和你的合作可以帮助更多人建立起一套更实用的电话系统，是吗？”

客户：“是。”

很明显，小吴与客户实现成交的方式就是通过一步步的反问，然后将主题引到销售上来。让客户一直未对产品说一个“不”字，小吴这样做的好处是有利于掌握谈话主动权，控制整个销售进程，进而可以将整个销售工作带引到自己所希望的情况上来。

事实上，如果销售着眼在销售开始时就把产品的卖点亮出来，让客户主动说“是”，认可我们的产品，那么，对于产品存在的某些无关紧要的小缺点，也就不在意了。

销售心理支招

那么，我们该怎样做才能让客户在一开始就说“是”呢？

1. 让客户承认产品的优点

每个产品都有自己的优势和缺点，销售员就应抓住自己的产品优势，让优势暴露在客户面前。

2. 把客户顾虑的问题主动说出口

小齐是一名供暖设备的推销员。一次，他要将一批供暖设备推销给某假日酒店，客户对他的产品很感兴趣，但到最后，却并没有如预料中那样顺利地成交。小齐知道问题出在了价格上，于是，他主动提出："王总，我明白，可能您觉得我们的产品贵了些，这一点，我也承认，但在刚才我给您演示的产品的过程中，您也看到了，我们的设备完全是一套节能环保设备，甚至可以变废为宝，这是其他任何供暖设备所不能做到的，也会为贵酒店带来很多可观的收益……"小齐说完后，对方连连点头，最后顺利签了约。

这则销售案例中，销售员小齐之所以能成功说服客户购买，就在于他能在客户提出价格异议前，主动告诉客户产品"贵"的原因。这样，客户就会打消"购买产品会吃亏"的疑虑，自然会选择购买。

3. 巧妙地告诉客户一些产品无关紧要的不足

我们给客户吃定心丸，告诉客户某些产品的缺陷和不足，也是讲究技巧的。告诉客户产品的真实情况，也并不是说我们要把产品的问题简单地罗列在客户面前。如果销售员冒冒失失将产品的某些缺陷告诉客户，客户可能会因为接受不了这些缺陷而放弃购买。如果销售员掌握一定的技巧，不仅可以赢得客户的信赖，而且还可以更有效地说服客户，使客户产生更加积极的反应。比如，你可以转移话题，告诉产品的其他方面的优点，许多时候，当你运用恰当的技巧诚恳地解释清楚个中原委时，明理的客户不但不会产生抵触情绪，反倒会被销售员的诚实可信所打动。

4. 给客户一个购买的理由

人们无论做什么事情，都是需要理由的，客户购买产品，也是为了达到某种目的。因此，销售员在说服客户的过程中，一定要把握客户的心理，抓住客户的内心需求，然后从客户的需求出发寻找共同话题，巧妙地将话题从客户需求转到销售中来，给客户一个实实在在的购买理由，那么客户想不购买都难。否则，即使你费尽口舌，也与客户内心真正的诉求点无法吻合，那么，你所做的任何工作都是多余的。

总之，销售过程中，最具说服力的劝服技巧无非是让客户自己承认产品的优良、服务的到位等，让客户在拒绝之前先说“是”，就能有效将客户的拒绝遏制住。

透露诱人利益，引导顾客购买

前面，我们已经提及过，我们每个人都有贪小便宜的心理，谁会拒绝那些免费的东西呢？可能我们经常会遇到这样的场景。比如，一件上衣卖80元，一条裤子卖80元。客户觉得价格贵了，但如果我们告诉客户：如果他能两件一起买了，只需

要150元。那么，客户就会产生这样的心理：如果单件买就会多花10块钱，如果组合买就能节省10块钱。这白白节省的10块钱对于有些客户来说具有很大的诱惑力。而对于商家来说，并没有吃亏。那么，客户为什么愿意以多一倍的价钱买走两件商品，而其中一件可能他并不需要呢？这就是客户占便宜的心理作祟，捆绑销售的策略给了他们一种心理错觉。

所以，销售中，如果我们能掌握客户的这一心理，与客户交谈，想方设法地给顾客得到了优惠的感觉，从而喜迎顾客完成交易。那么，成交的可能性将大大增加。

杨阳是一名大二学生，这年寒假，回老家后想利用假期，做一些社会锻炼，于是，他在某超市当起了促销员。

这天下午，来了一位40多岁的中年男人，想要买小白兔的奶糖，问了问价格，觉得有点贵，于是对旁边的售货员杨阳说："能不能便宜一些啊，我要的不少呢！"

杨阳为难地说道："我们超市上面都是有定价的，总部定的价格就是死价格，我也想给你便宜，但是便宜之后，我们就要把差价补起来。您看这样行不？如果你能买20斤以上的话，我们就会给你赠送一个可爱的新年兔。"

中年男人听了，说："你们也不容易，我买东西，不能让你们付钱啊，来吧，帮我称上20斤吧！"

这则案例中，促销员杨阳在面对客户要求降价的情况下，向客户传达了自己的难处。表明商品价格自己并不能做主，并且，他还提出在客户购买一定数量的情况下可以为客户赠送小礼物，这样，客户自然能理解销售员的苦衷，所以不再挑剔价格，一下子买上了20斤的货物。顾客能够理解销售员，才会有和销售员双赢的心理，至少买了商品，让双方都不要吃亏。所以，销售员在销售中要能让客户理解自己，是赢得客户的关键。

 销售心理支招

那么在具体的销售中，到底如何才能满足他们的这种心理，达成最后的合作呢？这主要分以下几种情况：

1. 顾客认为优惠不到位

针对这一点，我们应该让客户明白：便宜没好货。比如，我们可以对客户说："这个价位已经是最低价位了，我刚也帮您问了经理，实在是不能再降了。"客户一听，也就明白你也有难处，也就不再为难你，而心甘情愿地购买了。另外，我们还可以这样说："真正品质高的产品，一般在价格上都会稍高一点，用最低廉的价格购买到最优质的产品一般是不大可能的。"

2. 顾客说：为什么别家的比你们的产品便宜

针对这一点，你要让客户明白：不是所有的产品都是货真价实的，现在假货泛滥，要小心被欺骗。另外，我们最好还要帮助客户分析出竞争对手产品之所以便宜的原因，我们可以这样说："我××(亲戚或朋友)上周在他们那里买了××，没用

几天就坏了，又没有人进行维修，找过去态度不好……”客户听完，也就能明白为什么别的地方的产品便宜了。或者你可以告知客户“××先生，对方的确比我们这里便宜一点，但是我们这里的服务好，可以帮忙进行××，可以提供××，您在别的地方购买，没有这么多服务项目，您还得自己花钱请人来做××，这样又耽误您的时间，又没有节省钱，还是我们这里比较恰当”。

3. 顾客质疑产品是不是物有所值

每个客户都希望自己能购买到物美价廉甚至物超所值的产品，所以，他们会对产品的价格产生质疑，会怀疑自己是不是买贵了。对于这种情况，销售员可以这样帮助客户分析：您是位眼光独到的人，您现在难道怀疑自己了？您的决定是英明的，您不信任我没有关系，您也不相信自己吗？

总之，客户最关心的永远是利益问题，针对客户的不同心理进行引导，才能让客户产生及时购买的欲望。

第06章

心明眼亮，捕捉透露顾客内心真实想法的小动作

销售过程中，出于对销售人员的戒备和保护自己的利益，客户一般都会隐藏自己内心的真实想法，因此，这就需要我们销售员做到即使客户不说话，也能从他们的表情、动作甚至眼神等方面来加以判断和解读。推销大师乔·吉拉德就曾说过：“我有一个特点，就是我了解人，我甚至知道你现在想什么。当你走进来时，我观察你的眼睛、你的嘴唇，与你握手时，我感受到你的感觉、你的身体在和我对话。”同样，作为销售员的我们，如果能够感觉敏锐、眼睛锐利，并能和乔一样，及时捕捉到那些有效信息，那么，与客户的交往也就容易得多了。

顾客的眼神告诉了你什么

心理学家认为，人们所表现最显著、最难掩饰的部分，不是语言，不是动作，也不是态度，而是眼睛，言语动作态度都可以用假装来掩盖，而眼睛是无法假装的。我们看眼睛，不重大小圆长，而重在眼神。深层心理中的欲望和感情，首先反映在视线上，视线的移动、方向、集中程度等都表达不同的心理状态，观察视线的变化，有助于人与人之间的交流。爬上窗台就不难看清屋中的情形，读懂人的眼神便可知晓人们内心状况。

因此，对于销售活动来说，最能表明客户内心的莫过于客户的眼神，而我们便可以从中探寻到一些购买信息，如果客户觉得你的产品很有吸引力，对产品很感兴趣，他的眼中就会显现出美丽而渴望的光彩。例如，当你提到这件商品能为客户带来某种利益或者为客户节省大笔金钱时，客户的眼睛如果随之一亮，就代表客户的认同点是在获利上，此时客户正显露出他的购买讯息。可见，是否能从客户的眼神变化看到客户的内心世界，是一个推销员辨别能力的重要部分。

小李是某化妆品专卖店的导购员。一天，店内来了一位顾客。

顾客：“价格真的太贵了！我看我还是不买了。”这位小姐一边说着一边拿起一套化妆品，挑选了很久的她终于停下了

脚步。为其介绍产品的是销售员小李，小李听到客户这样说，并没有放弃推销，因为她发现了一个很小的细节：客户看到这款化妆品时，突然睁大了眼睛，也再没有看其他款了。

于是，她尝试着问："小姐，那您认为贵了多少钱呢？"

顾客："至少是贵了500元吧！"

小李："小姐，您认为这套化妆品能用多久呢？"

顾客："这个嘛，我比较省，怎么也要用半年吧！"

小李："如果用原来牌子的化妆品，要用多久呢？"

顾客："原来那个两个月要买一套吧！因为效果不太明显！"

小李："这样吧！您看原来那个牌子的化妆品是200元一套，可以用两三个月，我们按照三个月计算，您半年需要花400元，但是小姐，实不相瞒，我们这种化妆品如果您比较省，至少可以用一年，这是所有客户共同得出的经验，由于它赋含的营养成分比较多，所以只要稍微用一点，就可以了！"

顾客："真的是这样的吗？"

小李："这是我的客户共同的经验。这个周末您有时间吗？我已经约了所有客户举行一个联谊活动，希望您也能参加。"

顾客："这样啊！好，我相信其他女孩子的眼力……"

这则案例中，我们发现，化妆品推销员处理客户异议的方法很值得我们学习，这里，她之所以能判定出客户的反对意见"我看我还是不买了"并非真实想法，是因为她观察到客户的眼神变化：客户看到这款化妆品时，突然睁大了眼睛，也再没有看其他款了。这是一种心有所属的表现。

销售心理支招

那么，一般来说，我们能从客户的眼神中读出哪些信息呢？

（1）你在说话时，如果你的客户面带笑意，眼神恬静，那么便表明他对你的话很受用，为此，你不妨多说些恭维的话，然后，当客户被你夸得飘飘然的时候，你便可以提出成交要求，这也是个好机会，相信一定比平时更容易满足希望。

（2）如果你在说话时，客户眼神上扬，便可表明他对你的话不屑一顾，此时，你说得再多都将会是无用功，你不如戛然而止，另辟蹊径。

（3）如果你的客户已经开始环顾四周甚至魂不守舍，那么，便可表明他对你的话已经开始厌倦了，此时，你应该赶紧告一段落，另选话题，从对方感兴趣的地方入手。

（4）当你的客户有以下神色时，表明他是乐于并专注于倾听你说的话：

眼睛眯成缝，或者看着你说话时眼睛眨都不眨；

嘴角向后拉起，或是嘴呈半关状态的样子；

随着讲话的内容，表现出各种表情的时候（因为他正听得入迷的关系）；

随着讲话人的动作或指示而转移他的视线。

这时，千万不要打断客户的情绪，更不可以瞪着大眼看着

客户。因为这都会打扰客户，使客户转移视线；而原本打算购买产品的他，也可能因为你的打扰而放弃。这时你就得和开始一样，再用亲切的口气，重新一步一步地诱导对方，使他再度产生购买的兴趣。因此，你在同客户交谈时，对客户应对态度的忽然改变要提高警觉。

当然，在实际销售中，客户表现出的神色可能多种多样，每个销售员也有自己独特的一套观察客户内心的方法，然而，无论客户的表现是什么，我们都要积极认真地对待，排除客户的反对意见可以助你走向交易的成功！

那些小小的手势信号有何用意

在人类的各种肢体语言中，手势的动作幅度是最大的，方式也更加多样和灵活。在人类的进化过程中，双手是劳动不可或缺的关键部位，因此发挥了至关重要的作用，推动了人类的进化历程。在长期的劳作中，双手形成了一整套精细的动作，能够生动地反映人类的内心世界。

我们先来看行为心理学家戴斯蒙·莫里斯博士做过的实验：

他让研究人员以护士作为研究对象，并让他们故意对病人谎报病情，而莫里斯博士通过录像发现，这些护士在撒谎时，使用了比在平常的工作中更多的用手掩饰嘴部的动作。

由此他得出结论：用手遮嘴很可能是因为对方在说谎。与人沟通时，如果对方有这一动作，当说到与之相关的关键点时，他甚至故意咳嗽以此来用手遮嘴，这时就要对这人说话的真实性多加留意，因为这时也许他在说谎。

在销售活动中，销售人员也可以运用这一察人策略，以此来读懂客户的真实心理。

玲玲在一家民营企业工作，她在大学学的是心理学，对人的心理颇有研究，为此，公司让她全权负责对外谈判业务。

最近，公司正在与一家大型外企接洽，能否做成这单生意关系到公司下半年的经济效益，为此，老总给玲玲下了死命令，务必要顺利拿下订单。

经过一系列的准备后，玲玲带着项目书亲自到外企拜访，进行深入沟通，以使项目设计更加完美。在交谈的过程中，玲玲看到对方负责人拿出了一张A4纸，上面密密麻麻地写满了对项目的意见、建议以及不满意的地方。不知不觉之间，对方负责人还把双手交叉放在了胸前，脸上写满了质疑。见此情景，虽然对方负责人并没有明确说什么，但是玲玲马上拿出了十二分的精神，停止了解释，而是一项一项地开始按照客户的意见完善方案，即使觉得客户的方案不好，她也没有反驳，而是有理有据地把自己的设计方案为客户演示了一遍。在玲玲专业、敬业、耐心、真诚的演示下，客户的双臂渐渐地放了下来，投入了与玲玲的讨论之中。至此，玲玲才松了一口气。最终，她

顺利地为公司签下了这个大订单。

这则销售案例中，我们发现，玲玲是聪明的，在她看到客户把双手交叉放在胸前时，就立即意识到这是客户想拒绝和否定的意思，于是，她在及时调整策略，成功地打开了客户的心扉，最终才能顺利签约。相反，假使她看不懂客户的手势语言，而是选择一味地解释，那么，客户肯定会认为她是在强词夺理，从而更加反感她。由此可见，小小的手势也暗藏着玄机。

作为销售人员，在与客户沟通中，如果我们能细心观察，是能从客户的手部动作分析其心理的，我们可以对此进行总结。

1. 如果客户有以下动作，表明他可能在说谎

当你与他交谈的时候，对方不时地拉衣领，说明其心虚。

如果客户在与你说话时下意识地用手摸鼻子，则代表其有说谎的嫌疑。

如果客户说话时用手遮嘴，那么他就有“心口不一”的嫌疑。

2. 如果客户出现以下动作，表明他对你所说之话抱有消极的态度

（1）在听销售员叙述时，如果客户头部保持直立，手轻轻靠在脸颊上，就说明他们正在思考；如果用手抚摸下巴，则表明他们正在考虑怎样做出决定；如果用手托住脸颊，头轻轻地歪向一侧，就说明听话者已经开始厌倦你的长篇大论了。

（2）双手叉腰说明客户对你充满敌意。叉腰时，大拇指的

指向不同，又有不同的含义：如果大拇指朝前，说明这个人充满了质疑；如果大拇指朝后，说明这个人的控制欲很强。

（3）双臂交叉于胸前，明确地表达了否定、防御和拒绝的意思。

总之，我们在与客户沟通的过程中，如果能掌握一些手势信号的话，就可以看出客户的内心活动，从而来判断他的用意、心思，这远比语言更具真实性！

顾客的坐姿表明了什么

现实的销售过程中，一些销售员似乎已经习惯于从头部、脸部和手部等这些容易看得见的部位来判断交谈对方的心理活动，来察看对方对自己是赞同还是反对，相反，对于那些我们视线之外的部位，我们常常会忽视，如客户的坐姿。事实上，客户的坐姿，能反映他惯常的性格特征和此时此刻的心理，观察他人的坐姿，能帮助我们更清晰地掌握客户的个性心理特征。

这天，机械设备销售员小王来到某客户的公司，在获得秘书的允许后，他走进客户的办公室。

小王：“您好，王先生，打扰了，我是A公司的小王，我们上次在电话中沟通过，还记得吗？”

小王在对客户说这句话的时候，打量了一下坐在他对面的

客户，客户虽然坐在硕大的办公桌后面，但还是能看出他是正襟危坐，多年的销售经验告诉小王，这名客户是个严谨的人。

客户：“记得，上次不是和你说清楚了吗？你们公司的产品有很多瑕疵，这样的产品我们不能用，你怎么还来？”

小王：“不好意思，又给您添麻烦了，上次的产品我们卖得很好，可能是您误解了。不过，这次，我只是想给您提供一些能够帮助您节省30%成本的一些资料，您可以看一下吗？看看资料不会做成生意，但是，确实能帮到您！”

客户：“还是上次你推销的那种设备吗？”

小王：“不是，是另外一种，准确地说是我们的科技结晶，价值所在。”

客户：“哦，那具体是什么呢？”

小王：“您稍等一下，我把资料拿出来。我一时也说不清楚，而且担心误导先生，如果您有时间，我给您看些资料，您看怎样？”

客户：“行啊！”

很明显，案例中的销售员小王是个聪明的人，在与客户见面时，他能通过客户的坐姿大致判断出客户的性格，然后采用利益来诱惑客户的办法，使得客户有详谈的欲望。

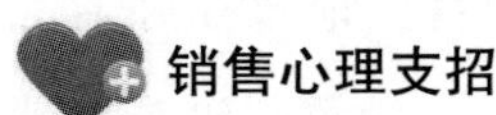

销售心理支招

专家们研究和分析，通过一个人的坐姿，也可以了解他的性格和心理。观察客户的坐姿，能帮助销售人员了解客户的心理，具体来说，我们可以进行以下总结。

（1）经常正襟危坐、目不斜视的人：是力求完美，办事周密而讲究实际的人。这种人只做那些有把握的事，从不冒险行事，但他们却往往缺乏创新与灵活性。就像案例中的这位客户一样，与其沟通，从利益出发，能激发起他的兴趣。

（2）爱侧身坐在椅子上的客户：他们心里感觉舒畅，觉得没有必要给他人留下什么好印象。他们往往是感情外露、不拘小节者。这样的客户大大咧咧、易于沟通。

（3）把身体尽力蜷缩一起、双手夹在大腿中而坐的客户：往往自卑感较重，谦逊而缺乏自信，大多属服从型性格。

（4）敞开手脚而坐的客户：可能具有主管一切的偏好，有指挥者的天资或支配性的性格，也可能是性格外向、不知天高地厚、不拘小节的人。

（5）将一只脚别在另一条腿上而坐的人：一般是害羞、忸怩、胆怯和缺乏自信心的女性客户。

（6）踝部交叉而坐的客户：如果是男士呈现这种坐姿，那么，通常伴随的姿态还有，他们喜欢将握起的双拳放在膝盖上，或用双手紧紧抓住椅子的扶手；而女性采用这种姿势时，通常喜欢双脚相别的，另外，她们双手会自然地放在膝盖上或将一只手压在另一只手上。大量研究表明，这是一种防范他人和警惕心理的人体姿势，目的是控制消极思维外流、控制感

情、控制紧张情绪等。

（7）将椅子转过来、跨骑而坐的客户：这是当人们面临语言威胁、对他人的讲话感到厌烦或想压下别人在谈话中的优势而做出的一种防护行为。

（8）在他人面前猛然而坐的客户：表面上是一种随随便便、不大礼貌、不拘小节的样子，其实说明此人隐藏着不安，或有心事不愿告人，因此，不自觉地用这个动作来掩饰自己的抑制心理。

（9）坐在椅子上摇摆或抖动腿部或用脚尖拍打地板的客户：说明其内心焦燥、不安、不耐烦，或为了摆脱某种紧张感而为之。

（10）和你坐在一起而有意识挪动身体的客户：说明他在心理上想要与你保持一定距离。并排而坐的两个人要比对坐着的两个人，在心理上更有共同感。

（11）喜欢对着坐比喜欢并排而坐的客户：更希望自己能被对方所理解。斜躺在椅子上的人比坐在他旁边的客户，具有心理上的优越感，或者处于高于对方的地位。直起腰杆而坐的客户，表现出来的恭顺之意，也可能因为对方谈起某个话题而让他们很感兴趣，或者是欲向对方表示心理上的优势。

不同站姿背后隐藏了什么心理

心理学专家认为，在人的身体部位中，不安分的腿脚是一个人的身体中最诚实的部位，而站姿是性格和心理活动的一面镜子，从站立的姿势，可以探知一个人的内心活动。作为销售员，我们也可以将这一观察人的技能运用到销售活动中，也就是说，通过观察客户的站姿，我们大致便能窥探出客户内心的秘密。

老周是一名暖气销售员，一次，他遇到一位客户，经过交谈和打交道，老周发现这位客户就是典型的“无所谓先生”。

第一次见到这位客户是在一位朋友的聚会上，当时老周看到他做出的姿势是：两脚并拢或自然站立，双手交叉背在身后。

再有一次，老周约他出去吃饭，老周问他要吃什么，他说：“随便啦，怎么样都行。”

后来，老周问他要用哪种款式的暖气，他居然回答“你决定吧！”

再后来，老周听说他的公司倒闭了，原以为他会悲恸欲绝，谁知老周去看他的时候，他回答：“倒就倒了吧！以后有时间享清福了！”他妻子气不打一处来，他却一笑了之。

……

可以说，故事中老周的这位客户就是个典型的“无所谓”先生，这一点，从他的日常生活中的站姿已经看出来了。这

里，我们可以说，经常有这样站姿的人一般都可以与人相处得比较融洽，很大的原因可能是由于他们很少对别人说“不”。他们的快乐来源于他们对生活的满足，而同时，不愿与人争斗的个性既带给他们美好的心情，也带给他们愤怒，因为生活并不总是遂人愿，一味地逃避争斗有时候只会使事情更糟糕。

销售心理支招

1. 含胸驼背

性格保守、怯懦自卑的人喜欢含胸驼背。在精神上，这种站姿的人总是处于劣势，有强烈的自我防卫心理。

2. 挺胸收腹、双目平视

这种人往往有充分的自信，要不就是十分注意个人形象，或此时心情十分乐观愉快。

3. 两手叉腰而立

这是具有自信心和心理上优势的表示。如果加上双脚分开比肩宽，整个躯体显得膨胀，往往存在着潜在的进攻性。若再加上脚尖拍打地面的动作，则暗示着领导力和权威。

4. 单腿直立，另一腿或弯曲或交叉或斜置于一侧

表达一种保留态度或轻微拒绝的意思，也可能是感到拘束和缺乏信心的表示。

5. 将双手插入口袋

不表露心思、暗中策划的表现。若同时弯腰弓背，可能说

明事业或生活中出现了不顺心的事。

6. 喜欢倚靠站立，不是靠墙，就是靠着人

这类人好的方面是比较坦白，容易接纳别人。不好的方面就是缺乏独立性，总喜欢走捷径。

7. 遮羞式站立

手有意无意遮住裆部，一般是男性采取的动作。遮住要害部位，是一个防御性动作，说明心里忐忑不安，准备遭受批评和不赞同。

8. 双脚呈内八字状

多为女性的站姿，有软化态度的意味。许多女性在担心自己显得支配欲和好胜心太强时，往往采取这种站姿。

9. 双脚并拢，双手交叉站立

并拢的双脚表示谨小慎微、追求完美。这种人看起来缺乏进取心，但往往韧性很强，是属于平静而顽强的人。

10. 背手站立

背手暗含有“不想把手弄脏，所以把手放到其他地方”的意思。这类人通常自信十足，喜欢掌控整个局势，或者有点自负。但是，如果一只手从后面抓住另一只手的手臂，则可能是对方在强压自己的不满、愤怒或者其他负面情绪，而在服务行业中，这种站姿又可能想表明“我没有行动，没有威胁”的意思。

当然，这只是一些简单的介绍，只供参考。其实，如果自己观察一个人的话，是可以从一些蛛丝马迹中发现一个人动作

的规律的。

总之，站姿就像性格的一面镜子，将一个人的性格折射得一览无余。销售过程中，假如你能够在开口说话之前，先观察客户的站姿，那么，在交谈中就能占据主动，从而形成对销售有利的局面。

从顾客的微表情察觉其真实心理

我们都知道，人们的面部表情是丰富的，不同的面部表情，表达的含义是不同的，人们常有“眉目传情”一说，也是人表情语的效果，有时候，甚至一个简单的眼神都能传递出一个人的内心状态。

销售过程中，我们发现，客户出于某些目的，如价格异议，对产品不满意等，他们不会直接向销售人员道明自己的想法。此时，销售人员可能会觉得无计可施。而实际上，语言并不是了解一个人内心世界的唯一方法，如果我们能洞察客户的微表情，同样可以读懂客户心思，从而让销售更为顺利。

王夏是学市场营销的，毕业之后，他在一家化妆品卖场担任男士化妆品的推销员。他很会察言观色，因此推销的业绩非常地好。

这个周末，卖场来了很多消费者，其中，也不乏男士。尽管人很多，但忙碌的王夏还是在人群中发现了一个特殊的男客户：他大概三十多岁，一身简单又名贵的穿着。来到卖场，他一句话不说，只是不停地看化妆品。

面对这样的客户，几个推销员在得到“爱答不理”的回应后，就不再招呼他了。而王夏则发现这个客户有个特殊的动作——他在看推销员为其他客户介绍产品的时候，总是盯着销售员看，并不说话。

王夏知道这种客户一般猜疑心重，对于推销员的话不相信，才会有这样的表情，于是他只是站在不远处，并不作过多的介绍，等这个男人抬头寻求帮助的时候，他才过去帮忙介绍产品的功能和价格。很快，这位客户购买了商品匆匆离开了。

这则销售案例中，在其他推销员无计可施的情况下，推销员王夏并没有贸然推销，而是先观察客户，从客户的肢体语言——总是盯着销售员看，并不说话，判断出客户不理睬推销员是因为其疑心重，于是在客户需要帮助的时候，才过去帮忙介绍产品的功能和价格，从而顺利地把产品推销出去。

销售心理支招

从客户的微表情中，我们可以从以下几个方面了解其心理。

1. 不停地眨眼睛

客户有这样的微表情，那么，表明他对你的话蔑视和嘲笑，甚至觉得你的话可笑，此时，你就不可继续侃侃而谈，否

则，不但没有任何效果，而且还会引起顾客的反感。

这时，我们一定要懂得察言观色，如果客户开始不停地眨眼睛，你就要积极地改变策略，转移话题，重新想办法说服顾客。当你发现顾客眨眼睛的频率变快的时候，说明你的说服起到作用了，客户开始动心了。

2. 斜视你

客户斜视你的情况不可一概而论，有可能对方对你很感兴趣，是下一步合作的前兆，也有可能表示顾客对你很厌烦，对你怀有敌意。这两种心理我们可以这样区别。

一般情况下，如果客户斜着眼睛看你时，眉毛轻轻上扬或者面带微笑，说明顾客认可你，对你所说的话感兴趣，这时候要适当地抓住机会，提出和对方签合同的要求，成功的概率很大。而如果当对方眉毛压低，眉头紧缩或者是嘴角下拉。说明客户对你不信任或者是心存敌意。出现这种状况的时候，你就要想方设法消除顾客心中的疑虑和不快，重新把顾客的眼神拉到自己的身上来。

3. 盯着你看

客户盯着你看，大部分原因是对你的质疑，对你所说的话表示怀疑。这时候你如果解读错了，往往了解不了顾客的态度和情感。这样一来，无形之中就把顾客和你对立了起来。试想，顾客怎么可能和你合作呢?

4. 喜欢点头和摇头

这类客户一般自我意识都比较强，他们一般不轻易和人合作，但一旦决定合作，就会负责到底。

可见，一个人的语言可以掩饰自己的内心世界，但他的微表情可能会出卖他的真心，从这些细节入手，作为推销员的我们就能一眼洞察客户的内心世界，从而方便自己实行下一步的销售策略！

第07章

具体问题具体分析，不同的客户有不同的推销方法

作为销售员，我们每天都要接待不同的顾客。不同的顾客，有不同的性格，不同的年龄，不同的爱好等，所能接受的交流方式也是不同的。人们常说：具体问题具体分析，与顾客交流也是如此。凡事预则立，不预则废，翻译过来就是不打无准备之仗。我们若想成功推销出去产品，就一定要做好战前准备，也就是要对不同的客户进行心理分析，也有利于我们更好地掌握客户的心理突破点，方便我们做出进一步的销售计划，而不至于“眉毛胡子一把抓”。

沉默型客户——为其描述购买产品后的愉快场景

现实销售中，我们经常会遇到这样的客户，无论销售员说什么，他似乎总是把自己和销售员隔离开来，对销售员的热情视而不见，无论何时总是保持沉默，让销售员找不到交谈的突破口，更别说销售机会。而此时，如果我们能用情景描述法，让客户看到在购买产品后出现的愉快情景，那么，客户的购买欲望就会被激发，进而愿意花钱购买。

某天，某礼品店来了一位小男孩，站在橱窗旁对着一个音乐盒看了半天，也不说话。销售员问他需要什么，也不应声。这时，另外一名销售员走过来，对小男孩说："小朋友，你是喜欢这个音乐盒吗？"

小男孩："嗯……"

销售员："喜欢就买回去吧！"

小男孩："……"这位小男孩并没有回答，而是又走到另一件工艺品面前。

销售员："这个也很漂亮！你是想选个礼物送人吗？"

小男孩："嗯……"

销售员："想送给谁呢？"

小男孩："想送给妈妈，明天是母亲节。"

销售员：“是啊，我差点忘了明天是母亲节，你母亲真是幸福，有你这么孝顺的孩子，还记得给妈妈买礼物。你刚开始看到的那个音乐盒就很适合啊！”说完，销售员走到橱窗边，打开了音乐盒，里面缓缓地放出美妙的钢琴曲。

接着，销售员说：“如果你送给你妈妈，她一定非常喜欢，而且我还可以免费给你做一个漂亮的包装，你看好吗？”

小男孩：“真的适合吗？”

销售员：“我觉得挺适合的，当音乐声飘出的时候，你的妈妈一定很感动，不过我们这里还有其他的礼品，你也可以看看。没关系，你选择任何一个都可以免费给你做漂亮的包装。”

小男孩：“我还是喜欢那个音乐盒。”

销售员：“我看它也是最合适的，那么我们就把它包装起来，好吗？”

小男孩：“嗯。”

案例中，这位小男孩在刚开始时，表现得很沉默，销售员问其需要什么，他也沉默不答。而最终，另外一名销售员却打开了他的话匣子，并成功推销出去了这款音乐盒。这名销售员之所以能做到，是由于她具备良好的观察能力，首先她发现小男孩对音乐盒感兴趣，然后循循善诱，告诉小男孩他的母亲在听到音乐盒中传出来的音乐时会有多么高兴，从而打动了小男孩，让小男孩愿意与她主动交谈，最终推销成功，这就是情景描述法。

销售心理支招

具体来说，我们需要做到以下几点。

1. 认真倾听，鼓励客户多说

要想让沉默型客户对我们掏心掏肺确实难度很大，但是我们依然可以鼓励其不少，进而从其零星的话语中找到其购买心理，这就需要我们懂得如何倾听：倾听时绝不可左顾右盼、心不在焉；倾听时要懂得反馈，向对方表明你对其情感的理解；可以适当地重复客户的话，这表明你正在认真听。

2. 调动客户的想象力，勾勒出产品所带来的幸福画面

聪明的销售员一般情况下，不会单单地为客户介绍产品，而是在产品的效果上下功夫，只有让客户感受到产品所带来的效果，客户才会产生购买意愿。为此，这些聪明的销售员会在主观上帮助客户想象。但这就要求销售人员能够用自己的专业语言为客户的想象力铺平道路，引导客户朝着自己设定的方向想象，从而达到销售的目的。

“周末的早晨，您带着您的孩子们，穿着我们公司的户外运动鞋，来到郊外，舒展已经劳累了一周的身体。郊外有座山，那天，有很多人一起爬山，当爬到山中腰的时候，有些人的运动鞋居然出现了问题，这些人面临的将是难以前进的道路……而您，却带着您的孩子挑战山顶的高度！”这是一段具有强烈对比性的想象，想象之所以为想象，毕竟不是真实的，

但客户听到这段话后，是不会产生异议的。因为，这只是对产品的一种自信。

可见，对于那些总是不言不语的沉默型客户，我们要把推销重点放到把产品带来的好处植入客户的心中，当客户接受你的情景描述后，成功推销也就不在话下了！

感性型客户——多说动情的话打动他

在现代产品营销中，客户逐渐变得更加理性，但也有一些感性的客户，他们在购买产品的时候，更多考虑到的是感性因素。因此，作为推销员，与其煞费苦心地劝说客户购买产品，倒不如用温情打动客户。但要做到这一点，还需要我们推销员善于在推销工作中讨巧煽情。

杰西是一名优秀的房地产促销员，很多客户购买了她所推销的房子后，仍然与她保持着密切的关系，有的甚至还成为她的朋友，并帮她做生意，她为什么能获得如此的成功呢？

原来，杰西在进行推销的工作中，不只是单纯地向客户推销房子，而是“送温暖到家”，真诚地帮助每一位顾客，帮助他们解决生活中的麻烦。比如，她会经常给自己的顾客打电话嘘寒问暖，定期到顾客家中拜访，询问他们房子的使用状况。如果出现什么问题，她会及时帮助顾客解决物业纠纷。此外，当她的顾客乔迁新居后，她还会准备一份精美的礼物登门拜访，安排新住户加入当地的居民俱乐部，帮助他们融入全新的生活环境。杰西的热情和细心，让她的顾客们感动不已。于是，那些她服务过的顾客，都会热心地把自己需要买房的亲戚朋友介绍给她。这样，杰西的口碑越来越好，业务也就越来越兴旺。

人们在需要他人帮助的时候，是最容易感动的，这就是为什么杰西选择雪中送炭。当这些客户感激涕零后，与推销员杰西的关系也由单纯的业务关系上升到朋友关系，自然也就愿意帮助杰西。可见，与人为善，用温情打动他人，不但能为你赢来好人缘，还能帮助你敲开客户的心灵。

销售心理支招

销售中，针对那些感性的客户，你可以这样推销。

1. 不要急于谈生意

客户也是人，也会受情感的左右，尤其是那些感性的客户。所以，在接近客户之初，不要急于谈生意，先与客户寻找共同感兴趣的话题，这样，在不做生意只谈朋友的前提之下，和客户取得了心灵的沟通，博得了相互之间的认同。“先做朋友，后做生意”，既然是客户的朋友了，对于客户来说，跟自己熟悉的朋友合作，自然要比跟陌生的人合作更加放心了。只要做成了朋友，那么你的单子自然很快就签下来了。

2. 用行动来打动客户

用情感打动客户，还需要我们用具体行动来证明。比如，在客户最无助的时候及时出现、帮客户解决某些生活中的难题、为客户做些举手之劳的小事等，让客户真正感受到我们送去的温暖，自然愿意对我们打开心扉！

3. 雪中送炭，为客户排忧解难

日本著名的保险销售能人山田正皓有一次去拜访一位老客户——一家房地产公司的总裁。他到达客户的办公室时，正巧遇到这位总裁的一个朋友为了不知如何运用一块闲置的土地而发愁。他立刻为其介绍了一家专门建设出租公寓的建筑公司。还有一次，他主动撮合一家电视公司与另一家电脑软件公司的负责人认识，目的就是想助他们一臂之力。

总之，尽管销售员和客户之间存在着利益关系，但是这种利益关系并不是赤裸裸的金钱交易。其中还包含着人与人之间的温暖和真情。对于那些感性的客户，销售员要多关心他们的生活，关注他们身边发生的事情，这样无形之中就会渗透到客户的生活中去。销售员要学会在“关键时刻”送去你的问候，用情感温暖他们。

优柔寡断型客户——制造危机让其下定决心购买

销售过程中，我们经常会遇到这样的客户，我们满怀热情地为客户介绍产品，客户对我们的产品也很满意，我们慢慢地会以为客户会购买，但到关键时刻，客户却说："我再想想吧！"这句话犹如一盆冷水，浇灭了我们的热情。一些销售员以为客户这样说就等于拒绝购买，于是，他们放弃销售。而也有一些销售员，太过急功近利，听到客户这样说，为了挽回客户就说："这样的事情还要问家里人啊，自己决定就行了！""不用商量了，这么超值的产品哪里还有啊？"而这两种回应方式，无疑都会赶走客户。

其实，面对这类性格优柔寡断、没有主见、极易受外界环境影响的客户，我们有必要帮助其作决定，对此，我们先来看看下面这位销售员是如何处理的。

某男士因为结婚纪念日要为妻子购买一枚戒指，这天，他来到某珠宝专柜，看上了一枚镶钻的戒指，但最后，他却说："我怕我妻子不喜欢，我还是回去和她商量一下吧！"

销售员："是的，您有这种想法我可以理解，毕竟一枚钻戒也不是小数目，想与妻子商量一下也是正常的，但作为妻子，如果自己的丈夫能记住结婚纪念日，并在当日给她一个惊喜，她一定更高兴；而如果您与妻子商量的话，这种神秘感也就消失了。另外，今天刚好是我们十年店庆，会有返利活动。

满一千就直降一百。这个活动仅限今天一天。而且您也看到了，我们这里的钻戒都只有一款，并且销量很好。这样好吗？我现在暂时给您保留起来，不过我真的保证不了下午之前这枚钻戒……所以，我真的希望您不要错过这枚钻戒……”

顾客：“我看我还是先买了吧！万一下午过来的时候，其他顾客已经买走了，那不就可惜了……”

案例中，这位客户就是个犹豫不决的人，这名销售员也是聪明的，他之所以能最终说服客户购买，是因为她既保持了良好的态度，又对客户适当施压：如果客户现在不购买，执意要回去与妻子商量的话，不仅会失去给妻子惊喜的机会，还可能会导致他中意的戒指被其他客户买走，而同时，他也会错过店庆返利的优惠。综合考虑之下，顾客自然会暂时放下与妻子商量的想法，从而选择购买。

销售心理支招

那么，具体来说，我们该如何帮助那些犹豫不决的客户作购买决定呢？

1. 认同客户顾虑的合理性

和案例中销售员一样，如果我们能认同客户的顾虑，表达同理心，会让客户觉得你是在为他考虑，就能争取到客户的心理支持，继而会拉近和客户间的距离。这样，即使客户认为需要和家人商量，你也可以暂时把客户留住，从而为我们接下来

的说服工作奠定基础。

2. 帮客户认识立即作决定的好处

案例中的销售员是聪明的，当客户认为需要和妻子商量时，他却从“惊喜”这个角度，让客户认识到与其妻子商量，还不如给妻子一个惊喜。

比如，我们还可以对某位女客户说：“其实，这不仅仅是一件产品，而是一种心意，是一种爱，不管它怎样，只要是你买的，你老公都会喜欢的。再说啦，如果他真有什么不满的地方，只要不影响再次销售，我们特别允许您在三天内都可以拿回来调换，您看这样成吗？”

3. 对客户施以适当的压力

客户迟迟无法下定决心购买，销售员千万不要认为等待可以得到结果，因为客户权衡不出答案也许就此放弃购买也说不定。所以很多时候客户下决定都需要销售员的参与，这就需要销售员主动出击，对客户适当施加压力，甚至帮助客户作决定，这一招通常都很奏效。你可以这样说：“我这里的这种产品已经剩下最后一批了，而下次什么时候还能拿到这种货就说不定了”，或者说“这种产品现在特别缺货，我们公司已经不生产了”等，如果客户确实满意产品，一般来说，他们会立即作出购买决定。

当然，运用这一方法，我们不可急功近利，要给顾客考虑的空间，适当的时候，也要退后一步，否则很容易令客户反感。

追求个性型客户——诉说产品特殊卖点吸引其眼球

随着市场经济的发展，人们对产品的要求也逐渐提高，并逐渐钟情于那些另类、个性、具有特殊卖点的产品。一旦他们认识到我们的产品具有这些特点，就会难以放弃，他们可能认为再也找不到这样的产品，从而产生很好的情感归属。因此要想留住顾客，不让我们的客户被竞争对手抢走，那么首要的问题是我们必须学会去满足客户的需求，介绍产品个性化的语言是提高市场竞争力的主要手段。

陈小姐和很多职场爱美女士一样，喜欢购买时装，这天，她发了工资，下班后，她来到一家时装店，在店内逛了一圈后，她摇了摇头，说："哎，我还是去别家看看吧！"

站在她身旁的销售员小刘立即说："小姐，您先留步，请问小姐您是否觉得我们店的时装种类太少，你觉得选择的余地不大？"

陈小姐："是啊，就这几件衣服，顾客怎么选？"

小刘："的确，您说的很有道理，开时装店首先就要吸引客户的眼球，不过我们老板非常喜欢有特色、经典的时装，款式不落伍又不落俗套。"

陈小姐："你这么一说，我还真发现，你们店的东西不一样。"

小刘："是啊，产品贵在精而不在多嘛。我看小姐的装

扮，也是很注重品位的人。时装虽然容易过时，但只要搭配得好，总是能穿出永不过时的感觉。”

陈小姐：“你这看法，我很同意，您看，我身上这件裙子，别人都以为我是新买的，实际上，两年前我就买了，只是我喜欢以不同的方式搭配，因此，穿出来总是有不一样的感觉。”

小刘：“是啊，您再注意看一下我们店的衣服，最大的优点就是容易搭配，而不是追求新奇！”

陈小姐：“是的，那你觉得我适合什么样的衣服呢？”

小刘挑选了一会儿以后，拿起一条裙子说：“我看这件就不错，小姐身材很有曲线美，这条裙子的设计正是走的复古路线，肯定能凸显小姐的身材。”

陈小姐：“是吗？我相信你的眼光，我去试试看。”

最后，陈小姐兴高采烈地买了这件裙子。

这则销售案例中，在顾客称自己要去“别家看看”时，销售员小刘并没有放弃推销，而是主动承认了客户的想法——产品种类太少，接下来。她也并没有以“新货过两天就到了”“怎么会已经卖得差不多了”等借口推脱，而是承认客户的观点，然后再向客户表明虽然种类少，但款式经典、有特色等，进而让客户有这样的感叹：“你这么一说，我还真发现，你们店的东西不一样。”接下来，她再对客户的品位进行了一番夸赞，更是让客户对自己产生了信任感，最终促成了购买。

销售心理支招

那么，针对这种情况，具体来说，我们该怎么应对呢?

1. 先稳住客户

我们要想让客户看到产品的特殊卖点，首先要稳住客户，你可以告诉客户：“我们店里的产品在进货时都是经过精心挑选的，虽然种类不多，但都是款式经典又畅销的产品。”但是需要注意的是，导购员所说的话一定要与事实相符，如果店里的产品并非如此，导购员却硬是这样说，那么丢掉的可能就不仅是顾客，还有店铺的信誉。

2. 服务至上，让客户满意

现代社会，随着竞争的日益激烈，在产品质量与功能大同小异的基础上，人们在购买时，也逐步带有情感因素，更关注的是销售方的服务态度，谁的服务好，顾客就购买谁的产品。可见，销售员做好服务也是赢取顾客非常关键的一环。如果照顾得不周到很有可能让顾客感受到冷落，从而影响到成交量。

3. 用特色跑赢对手

在追求时尚与个性的今天，人们也越来越注重产品的个性化。我们在购物的时候，也会不经意地发现那些小面积但却很有特色的店面。例如，专门经营民族服饰的店铺、专门经营水晶饰品的店铺等，这些店铺虽然看起来不大，却往往内有乾坤。而如果这些店铺的导购不善言辞，顾客还是会觉得产品种类不足，故而“去别家看看”。

所以，作为销售员，对于那些有个性的客户，当你如果想留住顾客，就要让顾客感受到你的产品的特别，或者具有某种特殊的含义，以特色勾起顾客的兴趣和购买欲望，实现销售目的。

好胜型客户——激将法令其就范

销售过程中，我们经常遇到这类客户，他们性格外向、好胜冲动，但在最终购买时却总是拿不定主意，他们总是看周围的人采取什么措施，但这类客户经常会因为销售人员的一个激将的方式而最终拿定主意购买。其实，这类客户只要销售员稍微采取一点小“手段”，就很好搞定。可以说，巧妙地利用好胜冲动之人的心理特点，有的放矢，是销售成功的一个基本保证。

小莉是一家商场女鞋某专柜的销售人员，一天，有位年轻时尚的小姐一边打电话一边走过来，小莉细心听了下：“怎么可能，以我赵倩在公司的地位，就这点小事我办不到？你就等着看吧！”根据小莉多年的看人经验，她判断出这位女顾客应该是个冲动好胜型的人。

过了一会儿，这位女顾客结束了电话，把手机放到包里，眼光停在了货柜上的一款新式皮鞋。但她只是站在柜台前反反复复地看，问一些无关紧要的问题。很明显，她很喜欢这款新

式皮鞋，但又因为价格太贵而犹豫不决。

小莉当然捕捉到了她的这种心理，于是上前问道：“如果这双鞋的价格不能令您满意的话，您是否愿意再看看别的？”

没想到，听了售货员的话后，这位女顾客却表情坚定地买下了这双皮鞋。

案例中的小莉是个聪明的销售人员，她的问话看似很简单，但其中却藏有很深的奥妙，从女顾客的电话中，她判断出女顾客应该是个好胜冲动的人，所以，当她发现女顾客因为价格的问题而犹豫时，便采用了激将法激发了这位女顾客的好胜心，继而成功地销售出了这双皮鞋。

不过，使用激将法刺激这类客户的好胜心，其实是存在风险的，因为一不小心，就可能踩到客户的雷区，让客户的自尊心受到伤害。因此，销售员使用这种方法，一定要把握好分寸，别弄得适得其反。

销售心理支招

销售员在使用激将法时，需要注意以下三点。

1. 大庭广众下，客户更容易束手就擒

这类客户害怕失面子的这种心理，在人多的时候体现得尤为明显。谁也不想让自己在众目睽睽之下丢了面子。因此，在人多的场合，销售员不妨用激将法来对付那些过于挑剔的客户，引导其产生购买行为。

2. 尊重客户，不能伤害到客户的感情

如果在上例中，售货员对那位犹豫不决的小姐说：“要买就买，买不起就别看了，看你这身穿着也不像能买得起的人。”那么，恐怕那位小姐不仅不会购买，还会与销售员理论一番，因为这位销售员这样说，明显伤害了客户的自尊心，这与激发客户的好胜心的效果完全相反。

现实销售中，有些销售员采用贬低、瞧不起的口气去激发客户的好胜心，很明显，这是不对的，往往达到的是事与愿违的效果。

3. 激将法的目的是让客户摆脱犹豫，但要注意陷阱

曾经有位推销员去一家纺织厂推销名牌毛衣，这家纺织厂基本上都是女工，女人都比较爱美，于是，一群工人围过来看，其中有个很爱说话的女孩子一摸这毛衣，就说质量很差，并且价格太贵了。没想到这位推销员好像不怎么会说话，挖苦那个女孩说：“看您穿的这身衣服，就知道是买地摊货的人，恐怕一件卖给你10块，你都买不起！”这个女孩平时大大咧咧，但这时自尊心却被伤到了，于是，她对周围的姐妹们说：“你们做证，他卖我10块一件，我全包了！”销售员一听，只好灰溜溜地跑了。

销售员挖苦客户，结果“搬起石头砸了自己的脚”，让自己下不来台，恐怕这位销售员在那个工厂再也没有市场了，他的这种做法实在没有考虑后果，“杀鸡取卵”，把他以后的推

销之路全部堵死了。

所以，“激将法”的使用也是存在很大的风险的，弄巧成拙是很常有的事，因此，销售员一定要注意自己的态度，不要伤及客户的面子和自尊。

第08章

讨价还价，三言两语让客户消除价格顾虑

销售过程中，价格问题是永远无法避讳的问题，打价格战也是销售中一个必不可少的环节，但销售人员只要抓住客户的购物心理，突出产品以及与产品销售相关的所有优势，让顾客由衷地产生一种“仅此一家，别无分店”“花这种钱值得”的感觉，否则，结果将是说而不服。这些都是有效应对客户讨价还价的方法。

客户的第一次报价不可接受

作为销售员，我们都知道，我们的业绩如何，直接和产品的销售价格有关。因为产品一旦被生产出来，其成本价就已敲定，此时，售价越高，我们的利润也就越高。每一个销售员都希望自己销售的产品销路好，受到客户的欢迎，同时也希望产品能够卖个好价格，多获得一点利润。而在现实的销售中，有些销售员为了留住客户，让客户报价，当客户提出的价格过低时，他们为了留住客户，也接受了报价，结果客户认为销售员让步后的价格依然有水分，于是，他们会再次提出价格，就这样，到最后，结果往往是不尽如人意，销售员不是丢了客户，就是丢了利润。

实际上，在具体销售过程中，总是会涉及砍价，价格的决定权也并不在我们手里，所以，我们千万不能接受客户的第一次报价。客户在报价时，也总是从自己的利益考虑，但即使他们心中的价格底线已经确定时，也会报出在这一底线之下的价格，如果我们轻松地接受其报价，将会陷入很被动的境地。

一天，某家居内衣店来了一位女顾客，左挑右选之后，她的眼光停留在了其中一套家居服上。

顾客："这套多少钱？"

销售员觉得可以先让顾客出价，这样，可以探出顾客的价

格底线。于是，他问："你觉得这套衣服多少呢？你要是喜欢的话，开个实心价，我给您带一套。"

顾客："我觉得也就值个百八十块吧，您觉得呢？"

销售员："您是识货的人，您看上的东西能便宜吗？说实话，两百，是纯棉的……"

顾客："行吧，那你给我拿一套。"

这位销售人员的应变能力着实让人佩服。让客户先开价，的确有利于探清客户的底线，让自己有足够的空间与客户商讨价钱问题，但他的经验告诉我们绝不可以接受客户的第一次报价，因为如果客户开出的价格与我们的期望价格相差太远，也会让价格谈判陷入尴尬境地。此时，这位销售员的聪明之处就在于他把客户定位在"识货的人"，称其"看上的东西不便宜"，这样，客户受到一番赞美之后，即使觉得价格稍微贵点，也可以接受。

销售心理支招

那么，面对客户的第一次过低的报价，我们该怎样做呢？

1. 危机法

这种办法可以消除客户的警惕，他会跟你说些真心话，要是他知道你在卖这种商品，他就不这么做了。比如，你可以说："我喜欢跟您做买卖，但是这件不是我的，是替朋友代卖的，以后我们再合作吧！"你以这种方式解除了他的武装，接着你说："我很遗憾不能卖给你这件衣服，但就咱们俩说，到底多少钱您买？”他也许会说：“我觉得100元是最低的价格，但我想125元也是可以的！”

2. 推荐质量更好的产品，确定客户愿意给出的最高价格

如果客户想购买牛仔裤，但觉得现在你所报出的价格过高，你可以这样试探他：“我们这里还有做工更精细的牛仔裤，而且是今天刚到的新款，但是每条170元。”如果客户对你说的质量更好的牛仔裤感兴趣，你就知道他愿意花更多的钱。

3. 通过提供一种质量较差的产品来判断他们的质量标准

“如果您只付100元，我给你看质量稍微差一点点的牛仔裤行吗？”用这种方法，你或许能让他们承认价格不是他们唯一的考虑，他们确实关心质量。

4. 给客户一个价格区间

在销售时，有些销售员在使用让客户出价的方法时难免会过于轻率。因为在购买商品时，每一个客户都希望商品物美价廉。所以在没有让客户认识到商品的价格范围和质量时就让客户出价，往往容易导致客户出价过低，销售不成功也就在所难免了。

总之，销售从很大程度上打的就是一场价格战。在价格谈判中，销售员在未探明客户的价格底线前，对于客户的第一次报价，一定要坚持自己的立场，不要轻易让步，因为一旦你让步，将会让客户觉得你报价过高而一再压价，这样，你在谈判中就失去了主动的位置，使自己和企业蒙受损失。客户都有一个期望价，也有一个拒绝价。如果我们运用这些心理对策，就

很可能会摸清客户的拒绝价，从而做出下一步的价格决策。

“太贵了”是最常见的价格障碍

销售中，我们发现，似乎客户对我们总是心存偏见，不管我们报出的价格是多少，即使价格已经很合理了，客户还是会觉得“太贵了”“不合算”“别人比你卖得便宜”等，如何打消客户认为产品贵的念头，这是困扰不少销售员的问题。那么，此时该如何化解客户的价格异议呢？我们先来看看下面这位销售员是如何处理的。

某顾客来到家具城，准备为自己的书房添置一套书柜。来到某国际知名品牌家具店后，销售员小张跟了上来。

小张：“先生，您好，有什么可以为您服务的吗？”

顾客：“这个多少钱？”

小张：“是这样的，这套书柜价值××万元。”

顾客：“不会吧，这么贵？”顾客露出很吃惊的表情，转身要走。这时小张走上前去，对顾客说：

“先生您说得很对，这套书柜真的不便宜，但我们这里都是国际高端的A品牌书柜，都是针对一些像您这种商务成功人士设计的，您可以先了解一下，不买没关系，这样您以后选择的时候，也就有了更多的参照，您说是吗？”

“嗯，这倒是实话，那我随便看看。”顾客漫不经心地回答，但目光在一款书柜上停留了两三秒。

“先生有没有发现我们这款书柜和其他品牌哪里不一样？”小张抓住时机突然问道。

“有哪里不一样吗？”顾客自言自语，目光却没有离开这款书柜。

“您再仔细看看？”小张很自信地提示着顾客。

此时，小张拿来一款遥控器，轻轻按了一下，书柜的门就自动打开了。看到这一幕后，顾客很诧异。小张接着说：“正如您看到的，我们这是一款全自动的书柜。另外，您看到它的玻璃门没，我们的钢化玻璃是德国原装进口的××品牌……目前在国内只有我们一家拥有，它采用了……技术，通过……工艺制作的。”简单概要的阐述后，小张拿出一个橡胶锤在一块样板上敲了敲，又用一把刀子划了几下，然后对顾客说：“您看，是不是一点伤痕都没有？”

……

最终，这位顾客毫不犹豫地买了这套高端的书柜。

这段销售案例中，刚开始，顾客在听到销售员的报价后，觉得一套书柜却要价好几万元，实在太贵。面对不专业的顾客，销售员并没有说：“你是外行，哪里知道？”而是先留住了顾客，告诉顾客买不买没关系，可以以此为参照等，缓和了顾客的情绪后，导购员再引导顾客，展示其产品的其他独特卖

点，从而进一步提升品牌、产品的价值。

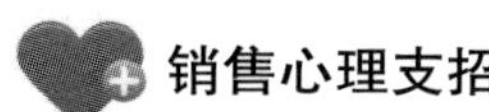

销售心理支招

那么，对于客户认为“产品太贵”这一问题，我们该怎么办呢？具体来说，我们要做到以下几点。

1. 认同顾客的看法

无论客户有任何顾虑，认同法都是解决问题的不二法则，只有认同客户，表达同理心，才能拉近与客户间的距离，进而挽留住客户。认同顾客后，你可以再认真听取顾客的意见，然后加以解释。

2. 弄清客户嫌贵的原因，针对性解决问题

客户提出价格贵，一般是因为：客户经济能力有限，产品的价格确实让客户无力承担；客户认为产品无法产生他想象中需要的附加值。销售员一定要找出具体的原因，弄清楚为什么客户嫌贵，然后才能采取相应的对策。比如，针对客户无力购买的问题，销售员可以建议客户分期付款；而如果客户觉得产品不是物有所值的话，销售员就要采取更深层次的说服工作，向客户详细说明使用本产品可得到什么样的实惠，以打消其在价格上的疑虑。

3. 把沟通重点放在价值而不是价格上

但同一产品的价格和价值不一定是对等的，而事实上，价值问题无论对于买方还是卖方，都是一个敏感问题，销售员把问题的焦点放在价格上，也就更容易让谈判陷入僵局。而从人们的心理角度看，一个人如果对某种产品的需求越大，他对价

格的关注度就会小得多；而如果他对产品的需求越小，他就会对产品的价格越是挑剔。为此，这给销售员一个提示：谈判的过程中，让客户了解产品的价值，让客户意识到他对产品的需求，就能淡化他们对价格的意识。

4. 让顾客亲自感受产品，认可产品

我们要和案例中的销售员一样，尽量留住客户，然后让客户接触产品，看到产品的功效，顾客一旦认可产品，认为物有所值，也自然就能接受产品“贵”了。要知道，顾客听到价格就认为产品贵，并不是产品真的贵，而是由于其对产品性能、特征等了解和认识得不够清楚，此时，端正顾客对产品的认识就是我们的主要任务。

以上是打消顾客认为产品贵的顾虑的几个方法，当然，销售人员应根据具体情况，采取具体的应对策略！

开始报价，不可过低

在拜访客户过程中，报价是销售人员必须面临的一个问题，而且是成败的关键。假如一开始就报价过低，而忽视对客户的分析，会让价格失去波动空间，也让自己变得很被动，得不偿失，很容易丧失掉客户。

客户：“你能打多少折扣给我呢？”

推销员：“抱歉，本公司一向规定不打折扣，因为我们的产品在质量上是从不打折扣的，所以也很难在价格上打折扣，如果我们随便打折，那我们公司将名誉扫地。”

客户：“×××公司答应如果我们买他们的产品，就给我们九五折，你们为什么不给折扣呢？”

推销员：“据我们所知，给折扣的公司早已把那5%的利润打入售价之中。本公司绝对不用这种‘羊毛出在羊身上’的办法来讨好客户。我们现在的售价，是最合理的最低的售价，您不认为我们是个有信用的诚实的公司吗？”

在这个例子里，销售人员就始终不肯松口，面对客户的“刁难”，他抓住公司的声誉做文章，使对方感到公司确实是可以信任的，因为他们宁可冒减少销售的危险，也不干骗人的勾当。

讨价还价在销售过程中已是司空见惯之事，有时，销售人员提供的是优质服务和优质产品，不想用降价来取胜，就需要合适的报价，销售人员千万不能在开始就报价过低，面对着客户压价的要求，也要以坚定的语气，心平气和地对客户说明不降价的理由。

然而，实际情况是，即使我们报价很适合，客户也依然要求降价，那么，销售人员该怎么样合理报价，从而给还价留下可以回旋的余地呢？

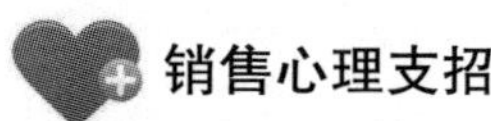

销售心理支招

销售员可以根据不同的情况，采取不同的措施。

（1）如果客户为人豪爽，喜欢一口定价，那么，你就不必把价格定得太高，而是一开始就应该直接报出合适的价位，你与客户各得其所，也不必浪费时间。

（2）如果客户是业内人士或者对产品状况比较熟悉，那么，你也不能与客户卖关子，否则会让客户觉得你不诚实，你在报出合适的价位的同时，还可以将自己的产品与竞争方的相对比，突出自己产品的优点，但销售员要注意的是，不可为了抬高自己的产品而贬低竞争对手的产品。

（3）如果客户购买力强，且对价格问题不是很在意，你可以适当地将价格报高一点，反之降低。

（4）如果客户对产品不是很熟悉，你需要热情地介绍该产品用途及优点，价格可报高一点。

（5）如果客户喜欢斤斤计较，不想在价格上吃一点亏，而又看中了你的产品，你一定要有足够的耐心，跟客户打一场“心理战”。

不过，现实销售中，很多销售员认为，报价越高，可能赚的利润就越大。其实，这种想法是错误的，因为客户既然购买产品，不可能对产品一无所知，过高的报价，会给客户造成被欺骗的感觉，这样，在价格谈判中，会使自己陷于被动，有失面子，丧失信誉，结果最终被迫做出让步。

报价时，采用“报价要高”的策略，还需要销售员做到让步要慢，和客户打好心理战。这样，一开始，销售员就能挫败

客户“占便宜”的想法，此时，销售员就可以摸清客户的价格底线了，从而逐渐攻克客户的心理堡垒。

另外，销售员报价还应注意：报价要明确，没有保留，毫不犹豫，提出报价后也不必去做说明。因为通常情况下，当你报价后，对方一般不会接受，或不会马上接受，必然要进行询问。如果你报价后立即说明，反而使对方意识到，“啊！原来你们关心的是这些问题。”

总之，打价格战是销售过程中一个必不可少的环节，销售人员只要抓住客户的购物心理，充分运用语言的技巧，就能增加销售收入。因为这世界上，没有卖不出去的产品，只有卖不出去产品的销售员。

价格谈判，为自己找个谈判帮手

在销售中，一些销售人员认为，只要客户答应购买，实现成交就近在咫尺了，然而，接下来进入的将是销售的谈判阶段，而真正的难题也往往出现在销售的谈判阶段。在这一阶段，销售员会和客户有许多正面交锋，客户会要求更低的价格和更多的服务，甚至在付款方式等方面都会提出苛刻条件。这时候，销售员单凭自己的力量是非常单薄的，即使口才再好，也很难对种种挑剔、要求以及有关技术或是服务方面的细节问题应对自如。所以要想有效地控制整个谈判局势，以理想的价格实现成交，你就要找个帮手来帮自己谈价格。

销售员：“你觉得这价格贵吗？这可是我们这半年来卖出的最低价格了。”

客户：“是很贵，这远远超出我的预算；另外，我觉得你这产品也不值这个价。”

销售员：“我看您可能对我们公司的产品不了解，我们采用的是最好的原材料。价格也是合理的。”

客户：“王婆卖瓜，自卖自夸，谁不说自己的产品好啊！”

这时，店里来了另外一个客户。

“这双鞋多少钱？”这位客户问。

销售员：“399元。”

“真不贵，上次我朋友在对面那家商场买的一模一样的，牌子也一样，那双鞋要499，这样吧，你给我包一下，这双我要了。”

听到这位客户已经毫不犹豫地买下了那双鞋，刚开始和销售人员在价格上没达成统一意见的那位客户二话不说，也买下了。

这次销售之所以能成功，主要因素是另外一位客户的出现。让客户消除了对价格的异议，完成了销售活动。这给销售人员一个启示，有时候不妨利用外界的力量，找个帮手为自己解决价格异议。

销售心理支招

对于在价格谈判中我们要选择的帮手，你没有必要选择口才最好的，而是要选择最适合你，对眼下的情况最有帮助的人。那么如何才能找到一个好帮手呢？这需要你遵循以下原则。

1. 帮手必须能弥补自身的不足

每个人都有自己的不足，如性格缺陷，尤其对于销售人员来说，这些不足很多时候就会阻挡销售活动的进行。此时，销售人员不妨找个好帮手帮自己谈价格，这样，就能弥补自己的不足。

比如，销售员性格比较急躁，容易发火，那么就可以找一个性格稳重、经验丰富的人作帮手；如果客户对产品的技术或研发方面存在异议，而销售员不能很好地解决，就可以找一个能提供技术支持的帮手；如果客户对产品质量不放心，而销售员又无法充分说服对方时，就可以找一个产品检疫方面的负责人进行解说。

2. 帮手必须能增强客户的信心

这就是为什么很多商家重金聘请权威人士的原因。因为权威人士的言语能给客户购买的信心，权威人士的一句话往往比销售员费尽口舌的游说更加有效果。当然，邀请到这样一位以第三方身份出现的权威人士并非易事，而且他们在整个谈判过程中也不会参与太多的谈判话题，但是他们的作用不能忽视。这些人的身份、地位和声誉等方面的影响会让客户更加有信心，他们的意见能对交易产生积极的推动作用。所以，我们可以邀请一些社会上的权威人士参与谈判，如某方面的专家，某领域的知名人物等。

3. 有充分决策权的人也是好帮手

很多时候，销售活动中，销售人员并没有决策权，这加强了谈判的难度。如果销售员没有充分的决策权，那么在谈判过程中，就需要这样一个有充分决策权的帮手，可以是上司领导等有决策权的人。一方面，这些人的出现，会体现出对客户的重视和尊重以及销售的诚意；另一方面，在谈判进行得如火如荼的时候，这些有充分决策权的人也能拍案决定，不至于让销售员陷入被动，也避免了销售员费时费力地向上级请示，有利于提高谈判的效率。

总之，在与客户讨价还价时选定一个好帮手，会对你的销售起到事半功倍的作用。当然接下来仍然需要你的努力，如果你与帮手在接下来的谈判中不得要领，也同样难以成功。所以在此之后，你还要确定一个明确的目标以及你和帮手在谈判中各自的任务，这样明确分工、目的明确，才不至于在谈判过程中乱了阵脚，从而更容易赢得客户的信赖和赏识。

但是你一定不要忘记，自己才是这场谈判中的主角，千万不可因为有了帮手就想着自己可以退而求其次了，因为你永远比帮手更了解你对面的客户，整个谈判的局面要始终掌握在你手里。所以你应该始终把握谈判的主动性，充分调动帮手们的积极性，为实现共同目的而努力。

第09章

化解心理异议，为销售成交再添一把火

在销售过程中，作为销售员，都希望客户能在对产品进行了解之后就提出购买决定，然而，实际情况却是，绝大多数客户都会提出一些反对意见，这也就是所谓的异议。显而易见，因为异议的存在，使得销售活动加大难度，甚至让很多销售员望而却步，但事实上，这也正考验了销售员的应变能力。面对客户提出的种种异议，销售员也只有找出一些心理对策，才能最终达成购买协议。

细心观察，洞悉客户的顾虑

销售过程中，很多销售员反映：“为什么我们总是摸不清楚客户在想什么？客户为什么就是不购买呢？”的确，无法摸清客户在想什么，是无法打动客户的。然而，现实销售中，很多销售员忽视了这一点，他们只顾着将自己的目光盯在所推销的产品上，而无数的事实证明这样错了。作为销售员，只有善于察言观色，并能找到客户的顾虑然后加以解决，才能成功实现成交。

一天上午，某汽车4S店来了一位打扮不入时的先生。店内的推销人员对这位先生上下打量并打了招呼：“先生您好，我是这家4S店的销售员陈玲，很高兴为您服务。”为了不打扰顾客看车，做完自我介绍后的她就在一旁观看，并未出声。

就这样，这位先生一个人在店内转悠，一会儿说这辆车车价太高，一会儿又说那辆款式不漂亮。看到一旁的陈玲，他说：“我今天只是随便看看，没有带现金。”

“先生，没有问题的。我和您一样，有很多次也忘了带。谁也不会身上随时带着很多现金，您尽管看，有什么问题可以尽管问我。”

“好的，谢谢你。”然后，稍微停顿一会儿，陈玲观察到客户有种脱离困境、如释重负的感觉。陈玲想：他是真的没带

钱，还是没有购买能力呢？于是，针对这个问题，陈玲决定大胆地试探一下顾客。

“先生，您有中意的车吗？”

“那辆奥迪不错。”

“是的，您的眼光不错，这辆车最近卖得很好。”

“是吗？可是，能分期付款吗？”这下子，陈玲明白了，原来顾客是担心价格和付款方式问题。于是陈玲说：“当然可以，您现在就可以与我们签约。事实上，您不需要带一分钱，因为您的承诺比世界上所有的钱更能说明问题。”

接着，陈玲又说：“就在这儿签名，行吗？”等他签完后，陈玲再次强调说：“您给我的第一印象很好，我知道，您不会让我失望的。”

结果确实没令她失望，第二天，这位顾客就带了首付提走了那辆车。

这则销售案例中，销售员陈玲之所以能轻松推销出去这辆车，是因为她和其他销售员不同，面对打扮不入时的客户，她还是愿意一试。并且，最可贵的是，她敢于主动试探顾客，从而让客户自己道出了购买的顾虑——希望分期付款。的确，客户的购买能力是决定客户是否能完成购买的关键因素之一，客户没有经济实力，即使他们的需求再强烈，也不会购买。

当然，除了购买力之外，顾客的顾虑还有很多，比如客户的需求、客户的信誉状况、支付方式等。

销售心理支招

1. 善于观察客户的一举一动

在面对客户时，销售员要善于观察客户的一举一动，销售员能从中了解到客户的的身份、出价水平和购买商品的意向。通过对这些问题的分析，销售员能大致猜测出客户的顾虑。

2. 积极发问

在猜测到了客户可能存在的某些疑虑以后，销售人员可以主动发问，以此来确定自己的疑虑，只有这样，才能抓住时机，然后步步深入，逐步打消客户的顾虑。

然而，与客户初次沟通的时候，出于防备心理，客户可能有意隐瞒自己的想法，如自己的喜好、购买能力以及真实需求等方面。然而，这些都是我们在销售活动开始时就要了解到的重要信息。因此，我们在以提问法探明这些信息的时候，一定要注意方式，最好以温婉探问的方式，尽量在悄无声息中了解，否则，很容易让客户产生反感的情绪，最终拒绝你的推销。

3. 认同顾客顾虑的合理性

和案例中销售员一样，如果我们能认同顾客的顾虑，表达同理心，会让顾客觉得你是在为他考虑，就能争取到顾客的心理支持，继而会拉近和顾客间的距离，从而为我们接下来的说服工作奠定基础。

总之，销售员在与潜在客户沟通的时候，只要我们善于观

察、巧妙探寻、积极提问，便能了解客户的某些隐秘信息和顾虑，但我们一定要注意自己的言行，太过直接、明朗都会引起客户的负面情绪。

先认同客户的异议，再寻求办法解决

销售过程中，客户难免会对产品产生异议，甚至对产品存在某些误会。但无论客户说出什么样的话，销售员绝不能直接反驳，那样会让客户很没面子，甚至与你大动肝火。这时，如果客户所说的话是无关紧要的，销售员就可以不予置之，继续谈话；如果客户对于你的产品或服务有误解，你就应该采取先肯定后否定的谈话方式委婉侧击，如“您说的没错，但是……”也就是先同意对方的观点，然后再以一种合作的态度来阐明自己的观点。

某保健用品公司的销售员正在与客户沟通保健仪器的事：

销售员：“先生，您好，我是××保健仪器公司的销售员，您看，这是我们公司新研制的保健仪器，目前刚刚投入市场，非常受欢迎。它对腰椎、颈椎和肩膀都有很好的保健功效，特别适合有颈椎病的患者使用……”

客户：“请你等一下，你是哪个公司的？”

销售员：“我是××保健仪器公司的。原来您知道我们的牌子，那就更好了。您以前一定接触过吧？”

客户：“听说过，没接触过。你们的产品谁敢接触啊！”

销售员：“您这话是什么意思？”

客户：“听说你们的产品质量经常出现问题，还出过一些事故呢。而且，听你的介绍，价格也不便宜，我可不买这样的产品。”

销售员：“谁说的，我们的产品从来没有过质量问题，我们的产品还出口呢，怎么可能有问题，真是的！”

客户：“谁不说自己的‘瓜’甜，质量再差的产品在你们嘴里也能成为优质产品。你们的产品我不需要。”

销售员：“怎么会？您不能随便相信外面的传言啊。我们公司的产品是有质量保证的，您看这是产品质量鉴定书还有获奖的宣传册……”

客户：“不用看了，用不着你来教育我，自己的产品有问题就不要到别人身上找原因。你还是走吧。”

销售员：“你这个人怎么这样不讲道理，真是的。”

案例中，这位销售员犯的最大的错误就在于直接反驳客户，与客户发生争执。假如他能以实事求是的态度倾听，用婉转迂回的方式沟通，销售结局恐怕大相径庭。的确，对于客户的异议，若销售员直接否定，就如同用一把大刀将销售工作拦腰砍断。一旦对客户直接反驳，销售工作就很难再开展下去，销售员再多的努力也将无济于事。

所以，销售员都应该借鉴上面例子中的教训，拿出耐心和

诚意，心平气和地与客户沟通，才能让销售变得顺利。

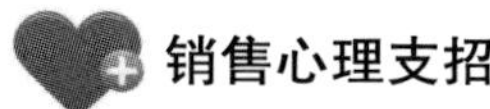

销售心理支招

那么，我们该如何委婉地否定客户的异议呢？

1. 保持良好态度

“客户永远是上帝”，这是每个销售人员应该遵循的信条。的确，有时候，可能客户的异议让我们感到为难甚至不悦，但无论如何，我们都不要直截了当地否定，更不能与客户发生争执，而是要拿出销售员应有的热情和诚恳，耐心地与客户沟通，尽量在言语间表达自己的良好态度，语言组织得完整，易于被人接受。

2. 先肯定客户的异议

使用先肯定后否定的迂回战术，销售员既表达了自己的观点又不伤害与客户之间的关系，销售工作自然能够继续开展下去，这也是优秀销售员在面对客户提出异议时经常使用的方法。比如：

客户：“现在的学生根本不认真读书，连学校的课本都不愿读，哪里会看课外读物？”

销售员：“是啊，现在的孩子是不怎么喜欢读书，正是考虑到这点，我们在策划图书的时候，也就是从这点出发的，形式新颖，内容丰富，孩子们一见就会喜欢上它……”

对客户提出的反对意见先给予肯定，这种方式比较适用于那些客户并不十分坚持的反对意见，这些意见大多是客户作为拒绝的借口，或者产品上的一点小问题等。

3. 用事实说话

很多时候，客户有异议，大多是因为听信了某些不实的言传，或者是一些自身认识的原因。销售员对于这样的客户要明白，事实胜于雄辩，最好的方法就是用事实来说话，用真实、准确、全面的知识和数据来说服客户，从而端正客户的错误观点。

总之，不管客户存在什么样的异议，不管发生什么样的事情，销售员都不能直接反驳客户，而要使用正确的方法加以处理，保持销售员应有的素质!

合理比较，让顾客认识到“贵有贵的道理”

人们购买产品，都希望产品能物美价廉——以最低的价格购买到最满意的产品，因此，人们常常抱着“货比三家不吃亏”的心理，对于同类产品会进行价格、价值等各个方面的比较。而正是这一点，导致了我们销售人员经常会遇到这种情况，当我们一报价，顾客就说：“别家有同样商品比你家便宜很多。”面对这种情况，一些销售员当即反驳客户来为自己笔产品辩护：“怎么会一样呢，一分价钱一分货，这你都不知道吗？”

甚至会诋毁竞争对手："他们的产品怎么能和我们比呢？"而结果只能是不但得不到顾客，还会让他们对产品产生怀疑，影响公司的形象，坚定了顾客离开的信念。其实这种情况下，如果我们能悉心引导，阐明产品之间的差异，让客户认识到自己对产品的需求，是能化解客户的价格异议的。

一天，商场某手机专柜来了一位顾客。销售员小吴很快地迎了上去。

小吴："您喜欢这款手机吗？喜欢的话您不妨买下吧，这是同类手机中性价比最好的一款。"

客户："可是，我看了几家这种配置的手机，价格都比这便宜，我觉得不划算。"

小吴："您的确说的在理，这款手机是比其他厂家的贵，但您注意到了吗？这款手机是世界品牌，买手机不就是买个放心嘛！再者，我们这款手机相对于其他品牌来说，还有一点不同的是，它有两块超长待机电池，一年之内，非人为因素免费保修，您看，这些是其他手机有的吗？这就是我们这款手机稍微贵一点的原因。"

客户："嗯，也是这么回事，贵一点就贵一点，这么多优惠呢，你给我包下吧。"

这位销售人员之所以能以高出同款商品的价格成功卖出产品，是由于他用产品的筹码让客户看到了利益与价值，在性价比好的情况下，自然就不会在乎价格了。

销售心理支招

那么，面对这种情况，我们该如何正确地应对呢？

1. 别否定客户的看法

无论客户有任何顾虑，认同法都是解决问题的不二法则，只有认同客户，表达同理心，才能拉近与客户间的距离，进而挽留住客户。认同顾客后，你可以再认真听取顾客的意见，然后加以解释。

2. 帮助客户认识到他对本产品的急切需求

我们都明白一个道理，一个人对某种产品的需求越大，他对产品的价格就越不在乎，再贵的产品，他也可能会下血本购买；越是觉得产品对其来说可有可无，就越关心产品的价格。所以，在沟通中，销售人员应多强调产品能给客户带来什么利益，能解决哪些问题，满足什么需要，也就是多谈价值，以此淡化他们的价格意识。比如，我们可以这样对客户说：“小姐这么高贵，肯定经常出入时尚派对，自然少不了晚装，这条黑色的裙子似乎就是为您量身定制的，至于价格，您这样的时尚一族，这价钱应该不算贵吧？”

3. 强调产品更好的卖点

当然，除了激发客户的购买欲之外，我们还要极力塑造产品的卖点。你的产品有哪些特点是独一无二的，是其他同类产品无法提供的，你都可以强调，正是因为产品的品质最高，所以它“贵”得不得了。比如，你的产品的服务最好，最长久的、完整

的全世界的保修服务都是其独特的卖点，另外，产品品种、功能最齐全，也是产品卖点，你强调这一点，就等于在塑造产品价值了。

4. 让顾客亲自感受产品，认可产品

我们要和案例中的销售员一样，尽量留住客户，然后让客户接触产品，看到产品的功效，顾客一旦认可产品，认为物有所值，也自然就能接受产品“贵”了。要知道，顾客听到价格就认为产品贵，并不是产品真的贵，而是由于其对产品性能、特征等了解和认识得不够清楚，此时，端正顾客对产品的认识就是我们的主要任务。

5. 引导客户正确看待价格差别

如果客户指出的“别家有同样商品比你家便宜很多”情况属实时，我们先要承认这一点，然后在产品的优势，如功能、性能、外观、技术指标、售后服务等方面引导顾客正确看待价格差别，我们还要强调产品的价格与产品所具有的差别与优势。另外，我们必须明确指明顾客购买产品后所得到的利益远远大于其所支付的价格的代价，也就是让顾客自己感受到一分价钱一分货，而不是我们直接表达出来的，这种情况下，顾客就不会再斤斤计较了。

从以上方面进行劝服，让客户看到产品之间的差异，看到产品的优势，自然也就不会过多地在意稍微高出的价格了。

顾客怀疑产品功效，如何化解

销售过程中，客户似乎都对销售员存在一定的质疑，尤其是空口无凭的解说，更会让顾客觉得是在“吹牛”。所以，客户经常会担心产品的功效，对此，销售员一定要始终保持良好的态度，重视客户的疑虑，并对其顾虑给出合理的解释，以此来劝服客户实现购买。

某电脑城，一位先生携带自己的儿子，准备为其购买一台电脑，经过导购员的引导，父子俩都觉得一款黑色的笔记本不错。

推销员：“先生，您的眼光真不错，这款笔记本配置高，功能强大，非常适合现在的学生用，无论是学习还是游戏，都再适合不过了。”

顾客：“是吗？这台电脑是什么配置？”

推销员：“这款电脑CPU是酷睿双核，主板前端总线1066MHz，CPU 1066MHz，DDR3内存1066MHz。”导购员拿出产品说明给顾客看。

顾客：“这款电脑真的像你说的那样？怎么可能这么高的配置这个价钱？你吹的吧！”

推销员：“其实我知道您担心买到不满意的产品，如果换我也会这样，不过对于这些数据我早就烂熟于心了，绝对不会有错误。而且，我们都会尽力提供好售前服务，否则顾客发现产品不是自己想要的，结果回来退换货，麻烦的还不是我们自

己。另外，关于价格问题，是这样的，这周是我们的店庆，所以，所有电脑都参与优惠活动。所以，您就放心吧。”

顾客：“原来是这样啊！”

案例中，销售员面对顾客对产品功效的质疑，并没有采取如“准确，我都已经卖出去很多台了。”“怎么，您还怀疑我骗您啊？”“当然有事实依据了，我怎么能骗您呢？”等此类应对方式，因为这些回答，不仅没有说服力，还会加深顾客的怀疑。案例中的销售员先肯定了顾客的疑虑，然后再以诚恳的态度告诉顾客，提供好售前服务是为了免于售后服务带来的麻烦，最后，他再针对顾客所考虑的价格问题进行了解释，最终让顾客心服口服。

销售心理支招

那么，具体来说，面对顾客否定产品的功效时，我们该如何处理呢？

1. 保持良好的服务态度，不要试图与顾客争吵

不管顾客出于什么目的而否定我们的产品，我们都不能与之争吵。因为争吵解决不了任何问题，十之八九争论的结果会使双方比以前更相信自己绝对的正确，你是赢不了争论的。要是输了，当然你就输了；如果赢了，你还是输了。因为客户已经丢了面子，不会再向你买东西了。不论你们争辩什么，你是得不到任何好处的。当客户直接否定我们的产品功效时，我们

一定要先认同客户，安抚好客户的情绪。以友好的态度来对待顾客，营造出一种公平、愉快的氛围，让客户感觉到自己的感受得到了重视，此时，他就会愿意与销售员沟通，从而可能有更多的机会购买产品。

当然，避免发生争执，并不是说应该忍气吞声地放弃原则和利益，迁就客户的无理要求，事实上也根本用不着这样。

2. 辨析顾客的真假异议

很多时候，客户称我们的产品功效差，并不是真的异议，而是希望得到优惠和降价或者为了达到其他目的，此时，如果我们不能辨别出客户的真假异议，就会在与客户沟通的时候南辕北辙，达不到真正的沟通结果。当然，这需要销售人员运用敏锐的观察力，从而发现顾客的刁难并非真实的异议。通过对顾客言行举止进行认真观察，来加深对客户的认识并把握交流方向，是很多优秀的销售员经常使用的一种方法。

另外，积极询问也是找出客户刁难我们真实原因的一大良方，多问一些“为什么”，让客户自己说出原因。这样，更有助于我们做好判断。

3. 产品本身的确存在问题时，要尽力为顾客解决

当然，客户否定我们的产品功效，也可能的确是产品本身存在问题。此时，客户虽然指出了产品的确存在的某种劣势，我们也不要就让思绪跟着客户走，而应该继续强调产品的优势，并要学会扬长避短地回应顾客。例如，“太太，的确，我

们的这款洗衣机操作起来是有点复杂，但正是因为这样，它有着其他很多洗衣机所没有的功能。”另外，如果你由于疏忽，推荐给客户的产品正好是存在瑕疵的产品，那么，你要先向客户道歉，然后再拿一款完好的产品给客户重新试用。

总之，无论顾客对产品存在什么样的顾虑，我们都要加以重视，灵活应对，摸清顾客心理并为顾客提供周到的服务！

参考文献

[1]谭慧.每天学点销售心理学[M].北京：中国华侨出版社，2011.

[2]李敏.销售心理学[M].北京：中国法制出版社，2016.

[3]靳会永.你其实不懂销售心理学[M].海口：南海出版公司，20014.

[4]陈瑞武.销售心理学：方法、策划、技巧一本通[M].北京：化学工业出版社，2018.